文博场馆
运行管理手册

张建军　编著

南京师范大学出版社

图书在版编目（CIP）数据

文博场馆运行管理手册 / 张建军编著 . -- 南京：南京师范大学出版社 , 2021.4
ISBN 978-7-5651-1415-1

Ⅰ . ①文… Ⅱ . ①张… Ⅲ . ①博物馆－运营管理－手册 Ⅳ . ① G269.25-62

中国版本图书馆 CIP 数据核字（2021）第 057860 号

书　　名	文博场馆运行管理手册
编　　著	张建军
策划编辑	郑海燕
责任编辑	向　磊
出版发行	南京师范大学出版社
地　　址	江苏省南京市玄武区后宰门西村 9 号（邮编：210016）
电　　话	（025）83598919（总编办）　83598412（营销部） 　　　　83373872（邮购部）
网　　址	http://press.njnu.edu.cn
电子信箱	nspzbb@njnu.edu.cn
照　　排	南京私书坊文化传播有限公司
印　　刷	南京爱德印刷有限公司
开　　本	880 mm × 1230 mm　1/32
印　　张	5.5
字　　数	124 千
版　　次	2021 年 4 月第 1 版　2021 年 4 月第 1 次印刷
书　　号	ISBN 978-7-5651-1415-1
定　　价	40.00 元
出 版 人	张志刚

南京师大版图书若有印装问题请与销售商调换
版权所有　侵犯必究

序 一

张建军同志的《文博场馆运行管理手册》即将出版，嘱我作序。前不久，我曾经到访过他工作的侵华日军南京大屠杀遇难同胞纪念馆，留下至深印象，但这个《手册》，却还是第一次接触。

国际博物馆协会博物馆职业道德准则确定了10条博物馆管理基本原则，在国内，关于博物馆管理的客观检验标准集中在藏品、教育、科研、观众、专业人员等关键词上。我认为，博物馆也好，考古院（所）也好，或者是其他文物机构也好，最基本的问题都是如何通过科学管理的措施，调动人员的积极性，利用好单位的资源、设备优势，从而最大限度地发挥其最佳的社会效益，并获得相应的社会效益及经济效益。对于各个单位来说，难题往往在于如何在达到共性要求的基础上，通过规划、计划、组织、实施、检查，使其工作在科学化、制度化、规范化方面实现符合实际的个性化和标准化。

侵华日军南京大屠杀遇难同胞纪念馆承载着中华民族最为伤痛的记忆，也是国际和平教育的场所。疫情之前，该馆一年参观量有800万人次，这种性质和如此体量的场馆，做出个性或许不难，但执行标准化管理难度可能很大。建军馆长介绍，经过3年的努力，该馆的标准化建设逐步得到推广和实践，2020年，初步实现了全业务口的标准化运行。在此过程中，建军馆长结合馆长的岗位职责，依据博物馆建设的相关规范,并借鉴曾经参与国际大型赛事的经验,在繁忙的工作之余编写了这本《手册》,真是难能可贵。

关于博物馆管理,我缺乏理性认识和感性经验,但从以往经验教训出发,我有四点建议。一是要秉持开放的思想,善于借鉴同行业不同性质的单位乃至不同行业的经验。这本《手册》在编写过程中,借鉴了奥运会赛事筹备的一些理念,以观众为中心,目标是"在轨运行"。面向新时代,文博行业一定要有跨界、协同的意识,积极学习和借鉴国内国外、各行各业的管理思想和做法,兼容并蓄,与本地区、本场馆的实际情况相结合,形成自己的特色。二是要有系统的思维,把场馆管理作为一个"有机体"对待。博物馆无论大小,皆是五脏六腑俱全。管理一个博物馆,要整体、全面、系统地去思考,有中长期规划、有年度计划、有部门项目、有岗位职责,从而推进场馆目标的实现。三是要树立标准的概念,推进文博场馆治理现代化。党的十九届四中全会提出了治理体系和治理能力现代化,这一要求在博物馆领域如何落实,大家都在积极探索。我觉得,建军馆长提出的场馆标准化建设是个路子,可以将"有问题找领导"转变为"有问题找标准",做到"处处有流程,事事有标准,物物有人管,岗岗有考核,日日有坚持,时时有创新"。四是要重视"人"这个关键因素,千方百计调动和激发员工积极性。管理就是合理的授权,给予员工展现自我的舞台和时间，他才有闪光的机会。《手册》里规范了馆长和领导班子该做什么，各部门该做什么，各业务口该做什么，就是一个给员工搭建舞台的规划。时间久了，单位的导向、风气正了，团队的积极性就会逐渐得到激发。

在博物馆行业，平时大家彼此关注更多的是显性的事，比如举办了哪些特色展览，组织了什么有影响的教育活动，出版了怎样的研究成果，但是对博物馆的内部运行管理的交流尚需加强。这本《手册》的主题是博物馆的内部管理，有场馆运行管理的理念介绍，也有各业务口的具体内容，内容精炼，操作性强，值得一读。对于中国博协主导的博物馆运行评估标准的修订，也很有参考价值。某种意义上，这个《手册》也是中国博物馆行业最新的管理学的成果，希望这样的成果越来越多。

是为序。

中国博物馆协会理事长　**刘曙光**
2021 年 1 月于北京

序 二

国际奥委会终身名誉主席萨马兰奇曾有名言：奥运会成功与否，是由媒体做出评判的。在2014年南京青奥会闭幕式上，国际奥委会主席巴赫先生称赞青奥会：完美无缺。这其中，就有青奥会媒体运行团队做出的重要贡献。

我和建军相识于2014年初，距青奥会开幕不到八个月零一周。建军前来负责推进媒体运行这一庞杂的任务。媒体运行是奥运会场馆运行的重要内容。所谓媒体运行，就是负责为奥运会成千上万的"注册"文字和摄影媒体组织、提供并运行所有媒体设施和服务，同时组织"主转播机构"，为"持权转播商"提供相应的设施和服务。

迄今为止，对于熟悉了"宣传"语境的我们而言，"媒体运行"还是一个似是而非的"异构"系统。都是面对记者，"新闻宣传"和"媒体运行"到底有什么不同？其实，新闻宣传把媒体看作"对象"，媒体运行把媒体看作"客户"；前者强调管理，后者着重服务，通过服务实现管理目标。媒体运行是火车的轨道系统，而内容传播是轨道上运行的列车。轨道铺设方向正确、技术过关，内容传播才能取得最佳效果。媒体运行是奥运会运行管理诸多领域中十分重要的板块，旨在面对不同思想观点、宗教制度、文化传统和生活习俗的全世界媒体，使奥运会得到最广泛、积极、客观的传播和评价并载于史册。

奥运会的场馆运行管理体系是在2000年悉尼奥运会中成熟和完善起来的，2008年北京奥运会使之发扬光大，获得举世瞩目的成功。场馆之要，存乎运行。2008年5月27日，习近平同志考察北京奥运会场馆运行筹备工作时指出：办好奥运会、残奥会，场馆建设是基础，场馆运行是关键，场馆管理是根本。北京奥运会和南京青奥会，辉煌展现在赛场和开闭幕式上，但是其成功的关键蕴藏在运行管理方方面面的支撑和保障中。"大处着眼，小处着手；注重细节，追求完美""人人一本明白账，踏踏实实抓落实"，建军从和专家组见面的第一次深聊，就迅速抓住了奥运会运行问题的关键。

我在南京青奥会期间有幸担任赛会媒体运行专家，工作中常和建军聊天，我们都认为奥运会运行管理的经验应该在国内得到运用，加以推广，裨益各方。赛事结束后，建军和南京青奥会的战友们编撰了媒体运行的书籍，对青奥媒体运行的经验进行了及时的总结。在他到侵华日军南京大屠杀遇难同胞纪念馆担任馆长后，还把这些国际大型赛事和活动的管理经验与南京馆的实际进行了充分结合，这也是奥运理念和操作与中国文博场馆管理具体实践融合的积极探索，是该行业更加国际化、现代化、规范化和人文化的身体力行。目前我正在2022北京冬奥会媒体运行部埋头于筹办工作，作为曾经的青奥同事和战友，欣闻喜见建军在文博场馆管理方面新的探索和实践。对我而言，这也是一种鼓励与共鸣。

北京冬奥会媒体运行部部长　徐济成

2021年1月

关于《文博场馆运行管理手册》

引 言

本《手册》简述了一般性文博场馆（博物馆、纪念馆、陈列馆等）日常运行管理的原则和要求。编写本《手册》的目的在于梳理文博场馆的基本运行管理要求，同时协助社会各界了解文博场馆的运行管理特点。

《手册》的使用

阅读者可以直接翻阅所需的信息。因各部分的内容具有关联性，建议读者在使用时可以先进行整体阅读。各地文博场馆的定位、职能和机构设施存在较大差异，《手册》内容的适用性需要读者考虑本场馆的客观情况和实际需求。一些跨职能的要求会在多个章节出现。本《手册》在编写体例上参考了国际大型赛事运行手册的格式。

第一部分　文博场馆运行管理的原则

文博场馆的运行管理根据《博物馆条例》《博物馆定级评估办法》等关键性文件，参考了国际大型赛事管理的部分方法以及侵华日军南京大屠杀遇难同胞纪念馆（以下简称"南京馆"，包含南京大屠杀馆区、"三个必胜"馆区、利济巷日军"慰安妇"制度罪行馆区）正在推进的标准化建设的阶段性成果。重要的原则在本《手册》第一部分进行详细阐述。

第二部分　文博场馆运行管理的方法

这一部分概述了文博场馆运行管理的方法，包括了建议使用的理念和工具。

第三部分　文博场馆运行管理的职能要求

这一部分表达了与文博场馆运行相关的原则和要求。针对各业务职能均提供以下信息：

- 职能关键信息。
- 原　　则。
- 要　　求。
- 审核与批准。

目录

序 一 刘曙光 / 001

序 二 徐济成 / 004

关于《文博场馆运行管理手册》/ 006

第一部分　文博场馆运行管理的原则 / 001

第二部分　文博场馆运行管理的方法 / 010

  2.1　场馆运行管理总体规划 / 020

  2.2　场馆运行管理规划 / 023

  2.3　场馆运行管理设计 / 026

第三部分　文博场馆运行管理的职能要求 / 034

  3.1　注　册 / 036

  3.2　抵　离 / 044

  3.3　安　保 / 047

  3.4　保　洁 / 052

  3.5　设施设备 / 056

  3.6　景　观 / 060

  3.7　绿　化 / 063

  3.8　消　防 / 067

  3.9　客　服 / 071

  3.10　智慧场馆 / 074

  3.11　语言服务 / 076

  3.12　医疗与保险 / 078

  3.13　餐饮服务 / 080

  3.14　文创服务 / 083

  3.15　工程管理 / 085

  3.16　讲解服务 / 088

3.17 文化与教育 / 091

3.18 志愿服务 / 096

3.19 仪式组织 / 102

3.20 展览与展示 / 106

3.21 研究与出版 / 108

3.22 传播与媒体运行 / 111

3.23 藏品管理与利用 / 115

3.24 规划、协调与整合 / 117

3.25 运行标准 / 122

3.26 人力资源 / 124

3.27 内　控 / 127

3.28 财　务 / 129

3.29 采　购 / 131

3.30 资产管理 / 133

3.31 审　计 / 135

3.32 法　务 / 138

3.33 廉　洁 / 140

3.34 知识管理 / 142

3.35 风险管理 / 144

3.36 保　密 / 146

3.37 总分馆 / 148

3.38 党　建 / 154

参考文献 / 158

后　记 / 160

第一部分

文博场馆运行管理的原则

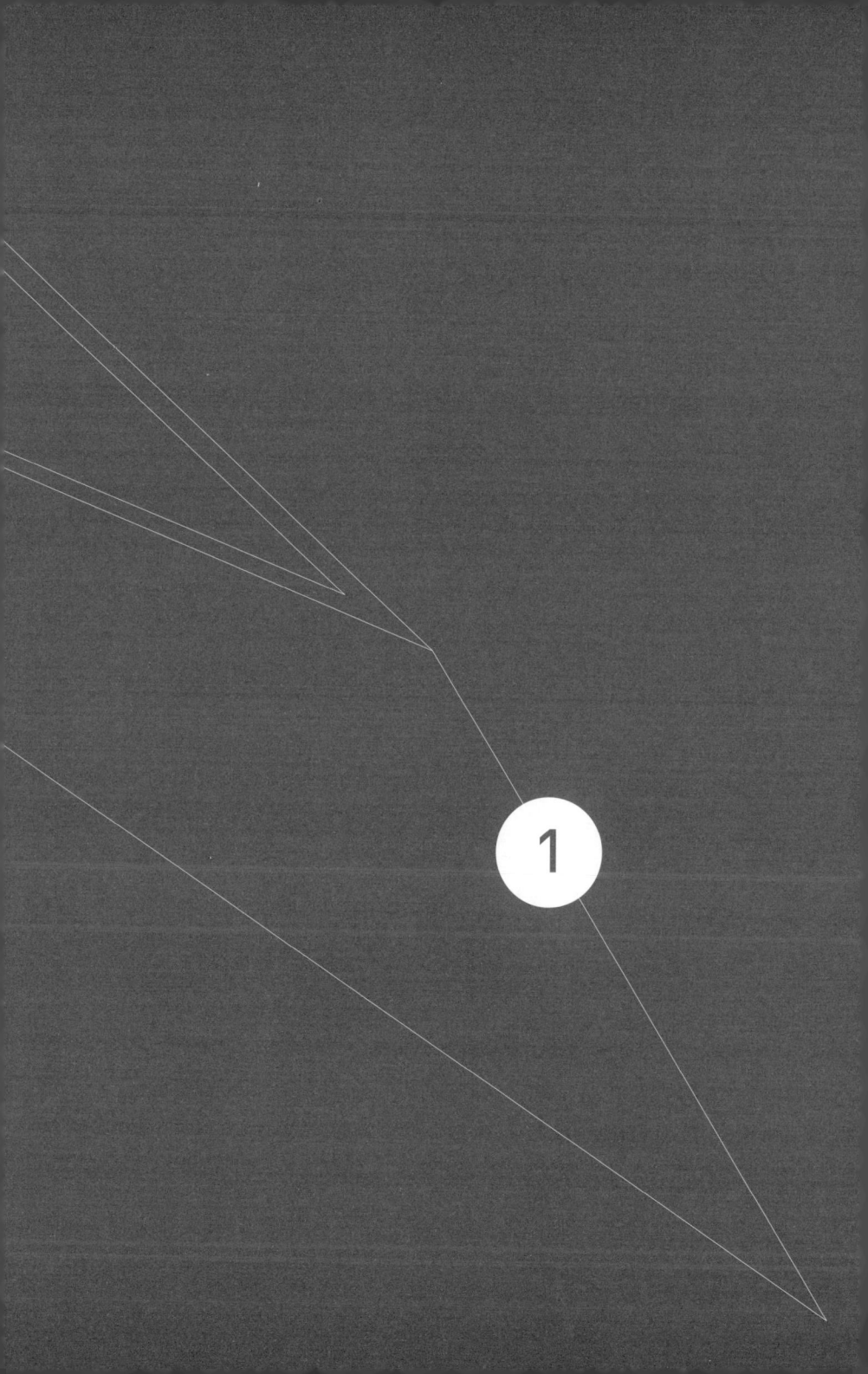

背景和描述 　　场馆,一般指文博单位安保线区域内的物理空间,有时也指在大型活动中安保线内的无建筑空间。现在这一概念在互联网上也有应用和扩展,诸多博物馆在尝试智慧场馆的实践,2020年的新冠肺炎疫情更加催生了这一概念的发展。文博场馆以教育、研究、欣赏为目的,收藏、保护并向公众展示人类活动和自然环境的见证物,目的是文化的传播与传承。截至2019年,中国登记备案的文博场馆已有5 535家。中国各类文博场馆的运行管理各有特色,但围绕实践需求具有操作性的文本尚不多。该《手册》是基于南京馆(侵华日军南京大屠杀遇难同胞纪念馆)实践的阶段性小结。

愿　景 　　通过科学、规范的设计,让场馆"在轨运行",为观众提供安全有序、客观积极且具有体验感的服务,吸引更多的公众关注文博事业,走进文博场馆,并从中得到教益,受到激励,促进人们塑造正确的世界观、人生观、价值观,从而创造更美好的生活。

任　务 　　文博场馆的运行管理是根据文博场馆的自身环境、核心主题、发展愿景以及团队等条件,对业务工作进行规划、设计和管理的过程。尤其是在面向观众服务方面,侧重空间分配、流线设置、设施配置以及服务项目的规划、设计与运行管理。

运行目标　　文博场馆是典藏文化、记忆历史、展示内容，以及当下主题活动的发生之所，承担着文化传承、思想传播的重要责任。文博场馆要通过科学的运行规划、设计和管理，实现如下目标：

●安全第一　保持场馆的常态性安全，包括设施设备、人员、活动以及卫生等各类要素在场馆内的安全运行，也包括意识形态责任制的落实，这是运行管理的底线。

●观众为中心　考虑各类受众的需求和感受，以参观者为中心，给予各类人群良好的体验感。

●运行管理的计划性　制订场馆运行的长期、中期和年度规划，使得场馆在运行管理上久久为功，具有连续性。

●运行管理的标准化　目标是实现"处处有流程、事事有标准、物物有人管、岗岗有考核、日日有坚持、时时有创新"的目标。

●运行管理的理念　坚持积极、规范、高效、沟通、节俭的运行理念。

●场馆团队的高品质　提倡向上向善，做到忠诚、干净、担当，让员工与场馆共成长。

●运行管理的视野　在运行管理上树立国

际视野，提高能力和水准。保障场馆展陈、教育、传播等服务社会的各项功能实现最大化。

服务群体　　也称"客户群"。文博场馆最直接的服务群体是观众。但是在互联网日益发展的今天，服务群体不仅包括到馆参观的显性观众，也包括未到馆但关注场馆发展变化的隐形受众，以及与场馆运行相关的所有"干系人"（在场馆运行管理中参与项目实施或受到各类影响的个人或组织），以上都是场馆运行管理的客户群。

标　识　　文博场馆应设计与本场馆主题相关的标识，在场馆运行中使用。它是场馆核心价值的视觉表现，具有唯一性，应当在全场馆以多种方式使用或呈现。其他单位使用时需遵循公益性原则，并得到本场馆的正式书面确认，使用时标注使用目的、范围和时间。

协　作　　场馆运行管理涉及面广泛，应当以开放的姿态，使场馆内外所有干系人在共同愿景和目标指导下，强化互信、沟通的团队精神，通过各类机制和灵活多样的方式，实现及时、主动、真诚的沟通，合作完成场馆运行的各项工作。

运行时间　　大型赛事的赛时运行期较短，如同法布尔的《蝉》中描写的蝉那样,大部分时间都在做"地下"筹备,只是各类赛事的筹备期不同而已。奥运会是四年一个周期,除了之前的采火仪式和火炬接力等仪式性活动,真正的赛事运行期只有半个月左右。文博场馆的运行不同于大型赛事,除非进行整体维修或改扩建,或者处于紧急状态如面临重大疫情,一般不会闭馆,处于常年运行的状态。文博场馆的运行管理是筹备与运行长期并行的。在运行期内,如果举办大型的展览展示或社会活动,应当对此设立单独的运行管理,如国家公祭仪式。

文化、教育与传播　　除了常规的观众接待,文博场馆应当珍惜观众来到场馆期间的际遇,以场馆主题和价值观为核心,举办各类展览、仪式、教育、活动等,积极与观众和其他受众一起学习、思考、分享,特别是要通过各类媒体、互联网平台把场馆的价值观加以传播。场馆的文化、教育和传播不受开馆运行时间的限制,它贯穿于场馆内外、不同时段、线下线上。

体验感　　体验感是观众及其他干系人通过亲身经历、实地领会或通过媒介接触后,形成的一种基于个体感受的情感。体验感是检验管理成效的重要标尺,是观众感受的预期管理。场馆运行管理的成效不仅是场馆管理团队的事，更取决于以观众为主的所有干系人的一致努力和参与。周密的计划、真诚的服务可以实现超值服务。

服务水准　　文博场馆的服务是合理服务，也是有限服务。这种服务受场馆自身主题、环境、交通、资金、团队的制约，如场馆具有额定的承载量，观众量有最高峰值，又如讲解员的数量不可能无限量增加等，对于一些客流量大的场馆，这些短缺的情况会实际存在。本《手册》定义的服务水准是目标任务，不同场馆需要考虑自身的实际情况。

信息发布　　场馆运行的信息应当及时向观众和社会各界发布。信息发布的渠道为：

●内部信息发布　一般由场馆办公室扎口，经报馆领导同意后向上级报送，或向各部门发布，形式有文件、动态信息、专题报告，以及馆内的通知、公告、公示等。

●向社会信息发布　一般由主要负责媒体传播的部门扎口，按规范程序经批准后及时发布。重要信息需要向各级新闻媒体统一发布，一般信息可以通过场馆自媒体发布。

●现场运行信息发布　一般由主要负责部门牵头，在场馆内部以展板、标识等形式，经馆领导审核后发布。展览信息由展览主责部门发布，运行管理信息由场馆运行管理部门发布，教育信息由教育服务部门发布，等等。

客户登记程序　　对参与场馆运行管理的各客户群在场馆中开展各种行为的时间安排和流程进行确认、协调和实施的程序及过程。文博场馆应当为每一个客户群制订一个注册程序，并由职能部门进行规划、协调和整合，确保各类事项和业务保持一致性和顺畅，如观众进馆采取实名预约制度，合同商进场施工进行安保备审制度，媒体记者进馆采访实施登记服务制度等。

语　言　　中国文博场馆的官方服务语言一般为中文，不少场馆已能实现中英双语乃至多语种服务。场馆语言服务的人员可以采取专门兼职的方法。以上语言服务不仅是展览展示，也包括场馆主责的活动。南京馆的语言服务包含中、英、日等语种。

决策与协调机制　　在文博场馆决策机构的领导下，通过党委会、馆长办公会、馆务会、工作例会以及专题会、技术会议等多种形式组织场馆的日常运行管理。场馆前院（观众可以走动的区域）的日常运行管理一般由场馆运行部门牵头负责，场馆后院（仅限员工活动的区域）的日常综合管理一般由场馆运行部门会同馆办公室牵头负责，专项事务运行管理由责任部门牵头负责。

● **场馆决策机构** 文博场馆内的最高决策机构，由文博场馆的馆领导班子成员组成。一般每月召集一到二次会议，对"三重一大"事项进行决策，对馆里重要事项进行研究，听取有关情况的通报等。各馆因管理体制不同，决策机构也会不同。

● **馆务会** 文博场馆馆领导班子与各部门负责人参加的会议，主要任务是工作部署、沟通情况、通报事项，一般每月举行一次。

● **工作例会** 定期召开的一个领域或项目的工作性会议，如志愿者工作例会、安全工作月度例会等。

● **专题会** 不定期召开的针对某个项目的工作会议，如免费预约制度改进工作会议。

● **技术会议** 外部单位与本馆有关部门、本馆部门之间或相关领域之间的工作会议，针对有关事项进行联合沟通、评估和协调。如采购一事一议小组会议。

| 场馆运行日程表 | 场馆团队应制订5年规划和年度计划、月度安排及重点项目进度表，然后进行分解，明

确部门职责和岗位责任，细化时间节点，在各项事务的整体推进上取得合理的平衡性。如次年的年度预算要在当年10月上报，而次年的年度要点要在当年9月基本形成。各类服务类合同商在合同到期前要留有充足的再次招标的时间，以保证服务的不间断，减少临时性的招投标。如一个展览从创意、立项、创作到制作、开展往往需要1年以上甚至更长的时间。

知识管理　　场馆运行所产生的知识遗产应及时收集且科学管理，这是场馆决策过程的一部分。场馆负责档案业务的部门会同各部门制订规范的管理制度，并要考虑今后的运用。岗位人员调离时应按人事部门的指导，先进行知识移交。应高度重视观众基本情况大数据收集、分析和运用。可以建立数据平台，将场馆相关的知识和信息中适宜对外公开的部分提供给公众以方便查询和分享。

第二部分

文博场馆运行管理的方法

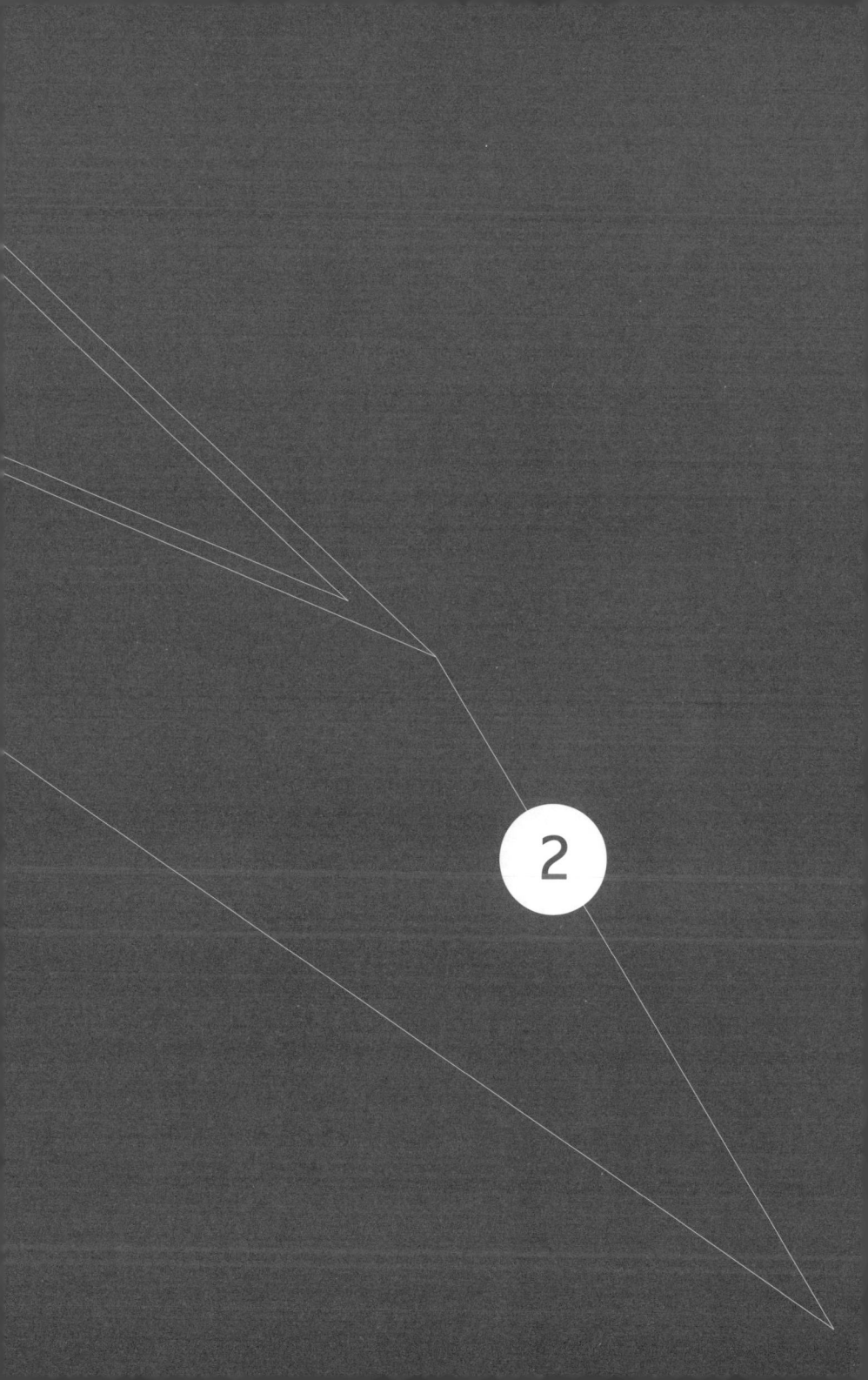

概　述

本章节概述场馆的运行管理方法。场馆运行管理的基础来自场馆领导层的统筹协调，各部门及其职能彼此的合作关系，以及上级主管及业务部门的领导与指导。为确保运行管理的效能，需对所有当事方的义务、职能和责任进行清晰的界定，使得运行管理有章可依、责任到人、路径清晰。项目化管理是场馆运行管理的重要方法。本章节主要针对场馆各层级工作人员。

主管主办和业务指导

目前中国文博场馆按照投资关系，可分为国有投资、民间所有。按照行业，可以分为各级文物部门主管主办和其他行业主管主办。对于国有投资的场馆，主管部门是其领导机构；对于民间投资的场馆，理事会或股东会等是其领导机构。各级文旅（文物）部门是各类场馆的行业指导机构，指导范围包括讲解员培训、文物评级、藏品管理、展览评选、等级馆评比等业务内容。此外，文博场馆的部分职能还需接受其他行业性机构的指导，如安全生产、网络安全、消防、反恐、防疫、质检等业务内容。

场馆各级责任

作为文博场馆的运行管理者，其岗位责任是以安全为基础，以典藏和研究为支撑，以展览、教育、传播等为手段，发挥文博场馆的综合平台作用，使各客户群在场馆运行中，围绕场馆的愿景，积极主动地扮演各自的角色，使运行风险降到最低，场馆发展有最大化的机会。场馆各部门及职能在其职责的范围内，积极采取一切可能的措施和办法，确保场馆目标和任务的完成。

场馆领导层的主要责任

- 场馆运行管理的总体规划和年度要点的确定。
- 指导各部门编写、实施场馆运行管理的各类制度和规定，形成适合本场馆需求的运行标准。
- 指导和监督团队策划、实施场馆的各类服务，提升观众体验。
- 按照规范和流程来指导和监督场馆运行，确保安全有序、协同高效。
- 为场馆发展争取资金和资源的支持，并组织法务、财务、审计对项目过程开展监督。
- 负责团队成员的人力资源规划和实施。
- 指导场馆主管、主办或代管的群众组织及社团等机构的运行。
- 必要时，直接参与某些重点项目事务的指导、监督和实施。如南京馆每年要协助上级做好国家级重大活动的组织，场馆领导层担任现场组的负责人。

| 场馆部门的主要责任 | ● 按照场馆总体规划，提出本部门的规划和年度工作要点建议。

● 具体编写本部门主要负责领域的各类运行制度，按流程形成规范性运行标准。

● 按照规范性运行标准，做好常态性事项的运行和项目性事务的落实。

● 编制本部门的年度预算和经费使用计划。

● 以主动的姿态争取社会各类资源的支持。

● 做好本部门人员的管理、与上级部门对口职能的对接，以及与本场馆其他部门的沟通。

| 业务口 | 场馆运行管理可以分为不同的专业领域，一般称为"业务口"，负责在总体规划下完成专项任务和服务项目。各业务口在场馆的统一指导下，在各部门的直接领导下，相互支持、协调一致，共同完成工作目标。很多文博场馆因人员有限，一人多岗是常态。

| 文博场馆业务口的特点 | ● 领域众多　一般来说，有展览展示、教育活动、对外传播、文物典藏、学术研究等，以及支撑和保障这些业务的财务审计、设施设备、安全保卫、保洁景观、消防工作等。

● 标准一致　各领域都有自己的运行特点，需要员工具备与之匹配的专业能力和技术，能够胜任工作。比如对展品进行清洁时，需要

知道应该使用什么工具和材料,采取何种流程。

● 统筹协调　场馆运行不是各业务口各行其是的"杂拌菜",而是在总体运行计划统筹下,在该项目的标准指导下进行的,各业务口之间需主动对接、衔接,如同齿轮咬合运转。

● 观众为先　文博场馆是大众汇聚的场所,其来源十分复杂。各业务口运行的核心是为观众以及其他受众服务,这需要各业务口为观众以及其他受众提供规范、周到、细致、有体验感的服务,寓管理于服务之中。

运行管理方法的重点

场馆运行管理应关注四个重点。

● 标准　这是开展运行管理的前提和依据。应遵循国家和行业指导机构的专业性要求,并结合各自场馆的运行实际,遵循"谁做谁写"的原则,开展标准化建设。标准应根据部门和职能具体制订,并征求部门内部、部门之间及上级和行业指导机构的专业意见。南京馆在标准化的第一版中设置了 127 个标准。

● 监督　场馆团队的不同层级以场馆规划和年度计划为指导,按照运行标准对年度(有时需跨年度)项目的进展进行监督和控制,确保计划保质按时落实。

● 支持　场馆运行团队各层级应按照实际需求,在项目的不同阶段、不同领域为团队成员提供支持，包括指导、培训、研讨、沟通等。南京馆制订了员工年度培训计划，如项目管理、论文写作等；召开智库沙龙就某些议题进行专题讨论；在编写标准的过程中，必须经过所有"干系人"的沟通环节等。

● **评估** 场馆团队应在项目的不同阶段（发起、筹备、规划、就绪、运行、结束）持续性地开展评估工作，以分析风险和机遇，了解进度状况，考察项目质量的优劣。评估包括项目本身、管理方法和运行标准，以及监督和协助的有关工作。如南京馆在2020年3月21日开始实行实名预约参观后，采取了每天4个时段的数据分析，每天对运行数据进行评估，并据此及时调整服务计划。2019年国家公祭仪式结束后南京馆召开了复盘专题会，以问题为导向，及时评估并改进工作。

运行管理中的项目发起

大型项目发起是由场馆的领导班子或分管副馆长负责；小型项目发起通常是由部门负责人或项目责任人负责。无论发起方是哪一个层级，都应履行从岗位、部门、分管副馆长，到馆长或场馆决策机构的全流程管理，以有利于科学决策和流程监督。

项目发起分为内部组建与对外委托。内部组建是项目发起方委托设计团队，并且安排设计团队在项目总部和场馆各部门共同工作。对外委托是项目发起方委托设计团队，设计团队在项目总部之外的地方独立工作。

项目发起方不是项目管理方时，项目发起方应杜绝"一包了事"的思想，保持主动主责的状态。项目发起方应履行好自身的权利和义务：

- 对项目决策拥有赞成权或否决权。
- 对项目有倡议权和倡议授权的权利。
- 负责筹措和控制项目资金。
- 对项目管理层面以上的问题负责。
- 签署或委托签署项目文件。
- 为项目管理提供必要的服务。

2.1 场馆运行管理总体规划

概　述　　在一定条件下,对场馆的运行管理进行总体规划的过程就是场馆运行总体规划。一般为3—5年的场馆运行发展规划,包括场馆环境维修规划、设施设备养护规划、文物征集规划、展览展示规划、研究出版规划等,使得场馆运行管理在总体愿景下有阶段性目标。每年的工作要点则是具体实施这些规划的计划。无论是阶段性规划还是年度计划,都要有进度计划,确定重要工作的时间节点、责任部门及责任人,以方便里程碑管理。

规划的要点　　在规划的过程中,要充分考虑文博场馆的条件和运行的需求,并分为外部条件和内部条件。外部条件包括国家和省市的规划、年度特点、资金来源等,内部条件包括场地、空间、给排水、电力、通风、空调、设备,以及资金统筹使用、人力资源配置等。要注意在博物馆建筑设计过程中考虑未来的运行需求而预先对空间做合理规划。在已经建成的建筑或场地举办临时性的活动也应做好前期规划。规划的目的是服务于场馆运行总体愿景管理团队，解决矛盾，实现目标。

总体运行规划的内容　　就是对场馆核心业务进行梳理和规划，一般来说，包括以下内容：

与观众接待相关联的、前院的运行管理规划。主要是围绕每天开闭馆涉及的工作板块，如票务、安保、防疫、设备、网络、消防、保洁等，又如讲解服务、志愿者服务、仪式教育服务等。在整个场馆区域内，依据建筑设计图纸，确定场馆各空间的使用功能和各类人员及车辆的流线。对其中一些重要的系统要进行专项设计，如实名预约系统、安消防系统、网络安全系统等。

初步运行设计　　需要确定场馆安保封闭区域和方式，明确安检口的位置。有些大型场馆的入口往往不止一处，需要分别设计。需要明确观众进入场馆的方式，是无差别进入、现场购票、预约购票，抑或免费预约参观。需要确定观众参观流线和其他客户群的流线。需要确定车辆停放位置和车辆流线。明确场馆，特别是核心展厅（往往是人流聚集的流线瓶颈区域）的流量控制十分重要，这是提高参观体验感的要素之一。需要明确场馆各功能用房的位置和使用规则。

需要提出场馆运行管理的设施设备需求,包括各类临时设施。要明确场馆建筑和环境是否满足场馆实际运行需求,以便在运行周期内制订改建或维修的计划。

深化运行设计

●场馆的深化设计。根据各业务口的需求,对场馆空间的使用予以优化,以满足实际需求。对各空间内需要的家具、设备、设施的位置及使用进行设计,包括图示、运行规范及流程。对人和车的路线进行深化设计,尽量避免冲突与交集。对专业系统进行深化设计,如景观、标识、电力负荷、路由等。对临时设施进行详细规划,如大客流期间需要的临时厕所、铁马护栏等。

●服务场馆团队自身的、后院的运行管理规划的深化。后院的运行管理大致可以分为两部分。

一是基础业务支撑板块,如藏品典藏、学术研究、展览展示、对外传播等;二是综合运行支撑板块,如行政文秘、财务审计、采购管理、资产管理、人力资源、党务群团等。

2.2 场馆运行管理规划

概　述　　场馆运行管理规划是用于规划场馆运行管理的流程。这套流程为文博场馆提供各项目周期内使用的一般性系统、原则、方法及工具，其目的是协助场馆各部门和职能明确项目和要求，以支持运行计划的制订、推进和落实。

场馆运行管理的规划流程一般包括：

● 明确场馆或部门主责项目的阶段性任务和时间节点，作为规划和管理监督的重点。

● 明确各部门和职能之间的职责，据此进行场馆各类资源的分配。

● 明确项目的优先事项，在项目的不同阶段进行指导。

● 在场馆总体需求的前提下，开展持续性把控、沟通，使各项目计划协调一致。

● 监控项目进度和状态，尤其是不可改变的截止期限。

● 进行风险管控和机遇的争取。

要　素　　场馆运行规划流程由6个要素构成：任务节点、职能部门、运行阶段、进展整合、沟通汇报、风险管理。

● **任务节点** 在筹备文博场馆3—5年发展规划和制订年度计划时，需要设置重要任务和完成时间，目的是为了团队领导层和职能部门能够共同把控进度。职能部门内部和重点项目也应设置任务节点。审核和批准所需时间也应包含在节点时间内。

● **职能部门** 由执行项目任务节点的各工作单元组成。其职责、原则和要求在《手册》第三部分进行详细阐述。一般来说，一个职能部门由多个单元组成。

● **运行阶段** 项目明确后即进入运行阶段。

首先是基础阶段。如组建项目团队、确定工作目标和标准、确定资源需求等。

第二是规划阶段。落实项目的总体决策，制订团队运行的流程，加强内外的职能整合与沟通。

第三是准备阶段。需要完成项目运行计划的制订、团队人员岗位培训、开展演练、发布信息等，进入待运行状态。

第四是运行阶段。按照运行计划和标准，进入预先设计的运行状态。

第五是结束阶段。项目周期结束后的运行计划应提前准备到位，以便及时实现物资回收、场馆恢复、项目评估、财务审计、总结报告等。

● **进展整合** 文博场馆是一个系统运行的机构,包含了一系列相关联的项目,各部门、各职能机构、各项目往往要同步开展工作,需要对项目的预算、人力、流程、场地、时间等进行统筹和规划,并体现在场馆运行的节点中。

● **沟通汇报** 要以项目规划流程的任务节点为基础,开展不同层级和内容之间的相互沟通,采取各类会议和交流制度,以确保各部门推进协调一致。

● **风险管理** 包括项目实施可能遇到的风险和机遇,风险管理的目的是使风险最小化、机遇最大化。

2.3 场馆运行管理设计

概　述　　针对场馆建筑或者环境的要求,在场馆运行规划(各分区之间的空间关系、空间准入和各类客户群的组织安排)的基础上,对场馆运行活动各个分区进行空间分配、人流和车流路线以及所需临时设施的系统配置进行的周密而具体的安排。

运行设计的主要内容　　主要包括四个部分。

●空间分配　根据运行的需要,以客观条件为基础(环境、资金及其他限制条件),划分功能空间和注册分区。

●流线组织　对车辆和客户群的活动范围及路线做出详细而合理的安排。

●设施布置　根据流线组织和空间划分的方案,对各类服务设施的系统点位进行部署。

●系统配合　水、电、气、热、讯、照、音、播等的系统设计或者配合设计。

空间分配　　分为运行分区和注册分区。

●运行分区　即从使用功能角度上的空间

分配，关注空间的使用属性，如展览空间、广场、库房、食堂等。分区功能设计的核心任务是根据运行组织的要求，在规划的基础上，对每一个分区进行详细的空间布置。一个客户群内部有不同的业务口，既有自身的运行需求，也有彼此之间的运行需求。在掌握需求的基础上，对空间分配布局、资源配置、通道设计等，要细化到开门的朝向、房间使用人数和家居配备、编号和名称等。

● 注册分区　　即从运行管理角度上的空间分配，关注的是各个区域的准入许可，也就是通行权限。注册分区是为了防止人员交叉流动，降低各类风险。客户群权限的大小取决于该客户群在活动中所处的地位以及所需实现的目标。一个客户群可以拥有一个或多个注册分区通行权限。注册分区将影响到各区域间临界处的详细设计，以免客户群在不同注册分区之间流动。为此需要增加隔离设施、验证点等。注册分区对于日常运行和场馆活动的成功举办起着重要作用。

流线设计　　人或物在建筑空间或场地中流动的行为轨迹，是各客户群和物资的抵离路线。目的是人、车、物协调顺畅，不混流，避免不必要的交叉。

流线包括人行流线和车辆流线，各自又分

为内部流线和外围流线。在设计中要依据工作目标，科学分析客户群行为模式、周边地区交通模式和本场馆的具体条件。

基础设计和专项系统设计

运行设计可以分为基础设计和专项系统设计。空间和流线属于基础设计，要形成功能分区设计区。在基础设计完成之后还有一系列专项系统设计，一般包括以下内容。

- 临时建筑规划设计。
- 核心场地规划设计。
- 物资和家具设计。
- 临时路由系统规划设计（临时给排水、临时供电、临时弱电等）。
- 临时照明系统规划设计。
- 指路标识系统规划设计。
- 形象景观设计。
- 功能用房及空间数据表。
- 用房物资数据表。
- 用房硬件设施标准表。

标准单元

可以复制的标准化设计运行单元，能够在场馆内不同地点使用。如可以把每个预约服务点作为一个单元，并细化到每一张预约桌（一张预约桌配备一名服务人员，安排一张预约扫码标识，户外需要安排一顶遮阳伞），管理团队可以根据观众在不同季节参观数量的变化相应地增加或减少单元数量。规划标准单元的益处在于：

● **可以提高运行设计的质量** 标准单元可以根据实际需要，提前设计，保证质量，迅速在场馆内搭建或实施，大大减少场馆内部临时起意、临时设计、临时采购等问题。

● **节约物料成本和时间成本** 对于临时性、节点性的任务具有实用价值。

● **统一场馆景观** 标准单元的设计规模、标准、形式和风格都是一致的，有统一的识别性。

● **保持运行水准** 标准单元不仅指设施设备的标准，也包括服务和运行的标准，运行人员对标准单元提前熟悉和磨合，可减少服务水准的波动。

● **标准单元应提前做好施工图和运行图的设计** 图上附录详细的设计说明和运行计划。如场馆入口、售卖点、保洁网格等。

运行设计的通用成果

一套完整的通用成果应该包括：

● 项目性质基础分析。包括项目性质分析；建设周期计划；运营计划（近期和远期目标）；成本控制计划；项目各项主要指标：观众数量、活动日程、客流预测等。

● 场地调研与分析。包括场馆周边交通模

式分析（周边主要交通形式和容量、停车场的规模及位置、道路条件、车站位置等客观条件）；场馆周边客户群分析（消费模式、出行方式、人群构成）；过境客户群分析（对中转和吸引的客户群进行人群构成、出行线路和消费模式的分析）。

- 设计原则。
- 运行分区设计图纸和说明。
- 注册分区设计图纸和说明。
- 流线组织设计专项图纸和说明。
- 标准单元设计图册。
- 各分区功能设计图纸。
- 专项系统设计图纸及说明。
- 房间或空间列表。
- 风险预案。
- 其他必要的文件和图纸。

以上设计成果可以最大化实现安全运行的目的，包括预算、人员、场地、流程、突发事件等。

运行设计在大型活动中的运用

文博场馆经常举办各类活动，可以从 6 个方面加以运用。在设计过程中要遵循运行规划—详细设计—临时设施施工图的基本流程。

- 制订运行管理政策和制度　运行政策和制度指的是组织某项活动所需要的管理政策，

以及用来保证政策得到执行所需采取的一系列制度和要求等系列文件，包括必须遵守的原则、明确的任务、工作的方式、采取的一般步骤和具体措施等。运行制度是指为了保证运行政策的制订而补充的各项规定、规则和要求。

这是设计的前期阶段，应拟定大型活动设计任务书，阐述项目的主要内容和目标；分析现阶段设计要解决的主要问题并确定设计目标；对项目本身和类似项目进行调查研究；对项目需求进行明细分析；建立解决设计问题的思路；向项目发起方进行概念性陈述。在概念性方案的基础上进行进一步的设计，形成具体方案，同项目发起方共同研究其可行性；设计反馈方式和后续工作方案。

● 编制运行计划　运行计划是执行某项活动的行动方案。将项目在一定时期内要达到的目标和任务进行分解，落实到具体的工作部门和个人，从而保证工作的有序进行和目标的实现。运行计划具有预见性、针对性、可行性和约束性。要根据运行组织的要求，在运行分区规划的基础上对每一个分区进行详细的空间布置、设施布置、流线组织和资源配置，制订运行政策和应急预案、编制人员点计划（各点位上的人力资源计划）、编制物流配送计划、编制每日工作日程等。

- **临时设施的处理** 分类、汇总、采购、实施、保障与拆除（秉持节约、合理的原则）。
- **进行桌面演练和实战演练** 就是"试运行"，即在项目或活动正式开展之前所进行的运行演练。运行演练的主要目的是检验运行计划、运行政策、应急预案以及各类硬件设施，从而保证正式运行的顺利无误。演练过程会让看似完美的运行计划呈现"破绽"。
- 活动运行的使用。
- **突发事件应急** 包括不可抗力产生的自然灾害、事故灾难、公共卫生事件和社会治安事件。应急预案是为了避免和解决危机而采取行动的规则，从个人到集体都是规则的参与者。

第三部分

文博场馆运行管理的职能要求

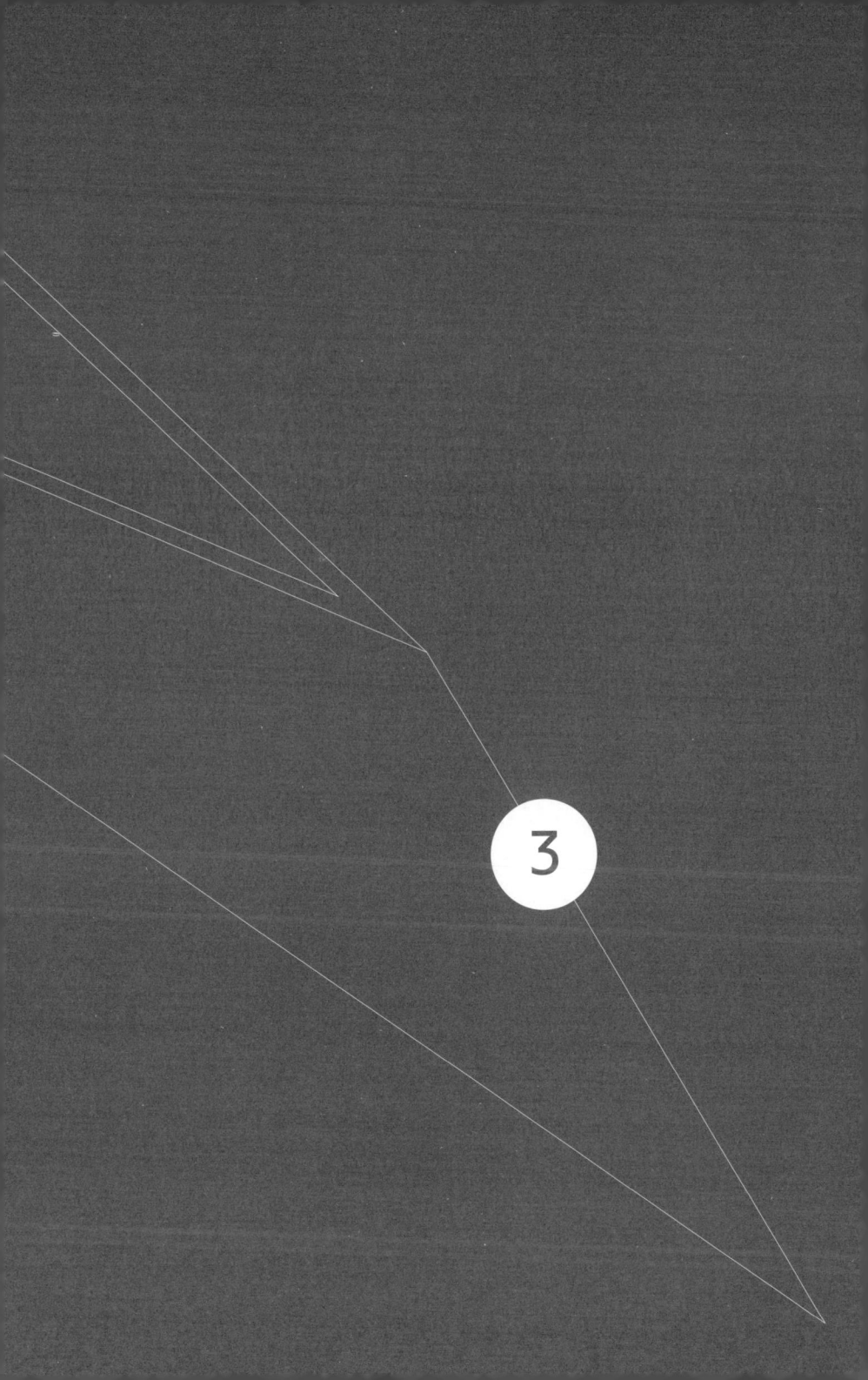

3.1 注　册

概　述　　注册是指以观众为主体的场馆客户群的信息登记、证件制作、证件发放和使用过程，注册后证件的持有人将获得相关通行权限和待遇，以便于观众参观或其他客户群履行任务。

原　则　　凡进必登是注册的基本原则，各客户群进入场馆均应纳入注册流程。其中，针对观众这一主体，目前文博场馆接待方式存在不同。一般可以分为收费参观和免费参观；也可以分为预约参观和现场验证参观。预约参观可以分为散客实名预约、团队实名预约等。自2004年南京馆在全国率先实施免费参观之后，免费参观已经成为全国文博场馆的主流方式。南京馆自2020年3月21日已实施观众实名制预约免费参观。

参观时间　　各场馆接待观众的时间相对固定。有些场馆因季节等因素在年度内参观时间会有调整。南京馆开放时间为每周二至周日8:30—17:30（16:30主入口观众停止入馆），周一例行闭馆（国家法定节假日、重要纪念日除外）。重要纪念日是指与抗战历史相关的纪念日，如每年的7月7日、8月15日、9月3日、9月9日等。每年国家公祭日前夕闭馆维修，一般从11月20日起闭馆，12月14日重新开放（含周一）。

承载量　　摩肩接踵或门庭冷落都不是文博场馆的期望，合适的才是最好的。场馆对观众的服务依据各自的条件，实施有限服务。根据《景区最大承载量核定导则》，各场馆应结合实际进行客流统计和分析，设置本场馆的最大承载量，严格将服务限制在此范围内，以保证观众的参观体验感。游客数量达到最大承载量时，应采取疏导、分流、闭馆等措施，确保游客和文物的安全。

南京馆按照"适度限定、均衡参观"的原则，分时间段核定预约参观名额，工作日、双休日、法定节假日的日预约参观名额上限不同。南京大屠杀史实馆和"三个必胜"专题馆两个馆区承载量的最高上限分别可达每天1.5万人和1万人。这一数据基本可以满足观众的常态参观需求。其中南京大屠杀史实展厅全天接待量以不超过1.2万人为宜。其中若要舒适度较好，则展厅内部瞬时参观量应不超过800人,一般不超过1 000人;达到极限量值1 500人时,会出现明显拥堵现象。日军"慰安妇"制度罪行馆区主体为民国时期老建筑,每天接待量一般不超过300人。

自2020年3月21日起,因疫情原因,南京馆主馆区人流量每天控制在0.8万人以内。

实名预约　　面向互联网时代的文博场馆,应积极将运行管理的规划、计划和运行建立在对客户群大数据分析的基础上。实名预约参观是文博场馆更好地接待和服务观众的重要条件。

南京馆通过纪念馆微信公众号和官网面向观众实施免费实名制预约,为开展参观者信息分析提供了基础。南京馆实名预约参观的具体方式是:

●南京大屠杀史实馆区与"三个必胜"专题馆区由于流线问题进行分别预约。利济巷日军"慰安妇"制度罪行馆区参照执行。

●线上预约操作时间为每天7:00—22:00。有四个参观时间段可供观众选择。预约时可实时看到当天预约状况。

●行程有变化的观众,须在参观前至少提前一小时,通过预约通道取消预约,否则将记入个人失信名单,多次失信者会影响今后的预约。

● 针对没有进行网上预约的部分参观者，包括不会使用手机预约的老人、没有携带身份证明的未成年人等，在入馆人数有余额的前提下采取现场处置的办法。

● 港澳台同胞和外国观众除上述预约通道外，也可在南京馆官网预约。

● 团队参观须提前1至7个工作日，通过纪念馆中文官网预约。

● 特殊时期，如疫情防控期间，场馆暂不接待团队预约，并对客流进行控制。

预约参观的客户群	预约通道
中国大陆居民、港澳台居民、外籍人士	纪念馆官方微信公众号（微信扫一扫关注该公众号）
团队以及港澳台居民、外籍人士预约	纪念馆官网 http://www.19371213.cn/

观众验证　　预约成功后，观众可于当天预约时间段，出示实名预约的微信二维码和身份证、护照等有效证件进馆验证后参观。参观流线：南京大屠杀史实馆区的观众从纪念馆1号门进；参观"三个必胜"馆区的观众从江东路或江汉路入口进；参观利济巷馆区的观众从长白街或利

济巷前往入口。疫情期间，观众还需提供健康码，并履行测温程序。

观众分析 　　对每天生成的观众信息大数据内容进行日、周、月、季度和年度的分析，了解观众变化的规律。相关分析同步提供给教育服务、对外传播、文创销售、安全保卫等与观众密切相关的业务口，据此不断完善各自服务。年度报告应报场馆决策机构。

其他客户群的注册 　　其他客户群是除了观众以外与场馆发生联系的各类人群。从南京馆来说，主要包括：

●**馆方工作人员**　指场馆编制内或编制外的在职员工。这类人群需由场馆人事部门牵头执行登记、录入信息、发放证件。人员变动需及时变更信息和处置。

●**合同商**　分为长期合同商、短期合同商。长期合同商主要是一年以上在馆工作的，如网络管理合同商；短期合同商一般是一年内短期在馆工作，或一个跨年项目，其人员在项目的不同阶段是变动的。如档案电子化项目人员、大型仪式活动设施搭建人员等。以上人员需经场馆运行部将人员信息报有关部门备审后发给合同商证件，仅限在规定流线和工作区域内使用。

● **物业团队** 场馆招聘的物业管理团队，属于长期合同商，包括各馆区的安保、导览、保洁、设备等团队。以上物业团队在合同签订后，应在纪念馆场馆运行部的监督下，将来馆人员信息送到有关部门和机构备审（安全与健康检查），然后由纪念馆进行录入，发放证件，在各自工作区域内履职。人员变动需向场馆运行部门报告，及时变更。

● **专家** 场馆指导的研究会、研究院等学术机构所聘的专家。由纪念馆研究部会同场馆运行部给专家通行权限。其他专家由研究部等负责接待。

● **记者** 各级媒体记者以及传播机构人员。由国际和平宣传部登记发放采访证件，当日收回。采访人员信息和任务需求应同步通报场馆运行部。

● **幸存者** 南京大屠杀幸存者以及亲属。由援助协会提前将信息提供给场馆运行部。一般不发证件，但是安排援助协会等专门人员陪同，给予礼遇。

● **来访嘉宾** 从贵宾通道进入的来访嘉宾，包括公务参观嘉宾、国外嘉宾等，由教育服务部根据办公室通知发给一日卡（中英日文版），参观或活动结束后收回。

● **活动参与人员** 来馆参与各类活动的人

员信息，由主责部门负责登记并通报给场馆运行部。需要进行证件管理的，由主要负责部门登记报备并发放证件。

●**本馆离退休人员** 由馆办或事项负责部门接待，并安排人员陪同礼遇，人员信息应由接待部门提前通报给场馆运行部以便门岗等岗位提前做好服务。

●**其他来访者** 由接待的主要负责部门发放一日卡，来访信息同步报给场馆运行部登记备案。

国家公祭仪式现场组客户登记

该客户群使用国家公祭现场指挥部发放的专门证件。

审核与批准

有关观众预约参观的日常管理由场馆运行部牵头负责，各部门配合。如有承载量、预约政策的微调，需由场馆运行部报馆领导批准，调整较大的可报场馆决策机构审核批准。如变动很大，则须报上级主管部门批准。

其他客户群的登记政策由主要负责部门制订，经与场馆运行部及相关部门沟通一致后报场馆决策机构批准。

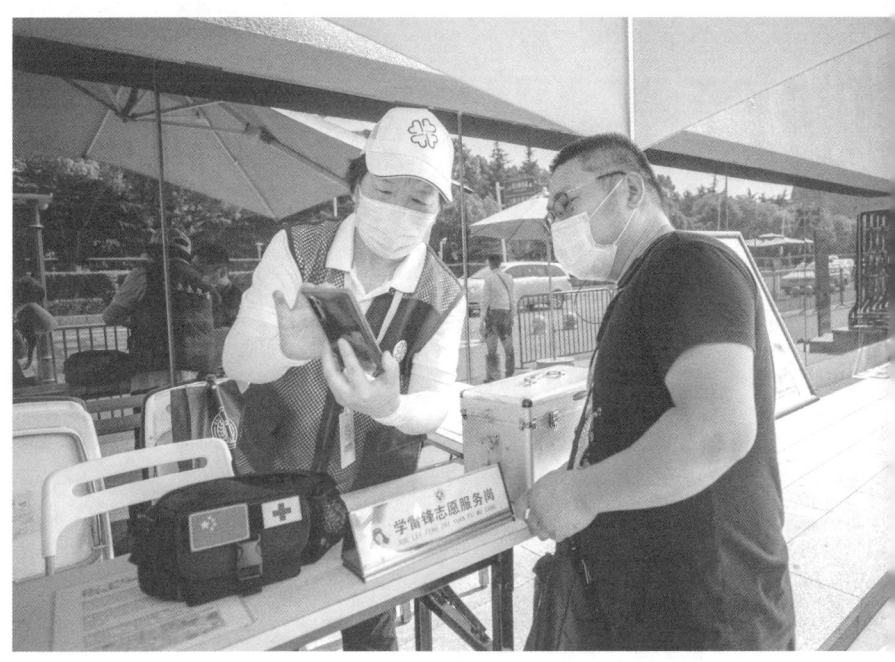

3.2 | 抵离

概　述　　抵离指在观众和其他客户群抵达和离开纪念馆时为其提供的相关服务的综合规划和分类管理。

针对观众，一般包括：提供信息服务，在官方微信和网站提供抵离的地图及引路信息；提供标识引导，在入口和出口设置醒目的引导牌，一般由场馆运行部门提供。

对于其他客户群，一般包括：协助办理入馆登记、信息提供、接送客户。涉及住宿的重点客户，还包括协助抵达住宿地并登记入住、指导用餐等；离开的综合服务包括：指导结算离开住宿地、送客户及其行李，在离馆或离开住宿地时提供信息服务等。一般由各主要负责部门提供，必要信息应通报给场馆运行部门。

原　则　　● **数据收集、整理和管理**　抵离规划的基础是收集、整理与管理客户需求的相关数据。要意识到交通等数据不会完全精准并会随时变化，需要根据实际情况灵活处理。

- **数据准确和安全** 场馆运行部要保证提交给观众的交通、标识等抵离数据的准确性和安全性。

- 要重视观众对抵离信息和标识的体验感，不断收集观众的反馈意见，及时改进服务。

- 对于重要客户的一站式抵离服务的规划需要与有关部门主动对接，特别是机场、火车站，可提前发函请求帮助。

- 境外嘉宾信息应交给纪念馆负责外事的国家公祭联络部，保持联系并及时传达信息。

|要 求|

- 场馆运行部应拟定观众数据定期统计报送的模板。

- 主责部门应在收集嘉宾等其他客户群信息后持续跟进，以确保信息更新。与境外嘉宾沟通时要明确指定的入境口岸，与境内嘉宾沟通时要明确指定的抵达口岸。

- 如有需要，办公室负责与机场、车站、海关等部门提前对接，紧密合作。

| 国家公祭
仪式现场组
客户抵离 |

该客户群由仪式现场组嘉宾接待项目组主要负责，并制订专门方案。

审核与批准　　为观众提供的信息和地图由场馆运行部负责，国际和平宣传部、展览工作部予以配合。发布或制作前报分管副馆长审批。如有必要，可报送馆长审批。提交机场、车站和海关的协助函件（协助事项和流程）由办公室协助主要负责部门发送和沟通，函件由分管副馆长审批。

3.3 安 保

概 述　　场馆运行部门的安保业务口具体负责场馆的安全运行，包括人员和车辆的安全检查、场馆安全监控、参观引导等。南京馆安保重点工作场所是各出入口、展厅、库房、国家公祭设施、遗址区域（含利济巷遗址区）等。设立场馆安保指挥中心作为日常运行的信息协调枢纽。

原 则
- 安全是场馆运行管理的底线。
- 各项安保工作以预防为主。
- 专业化、标准化地实施安保管理。
- 重视安保服务对象的体验感。
- 全员参与，各业务口综合治理。
- 加强属地联动，做到快速处置。

要 求
- 实行全面的安全责任制（详见"安全责任制"）。
- 主责部门应当制订符合场馆自身需求的安保制度和工作预案，指导全馆安全保卫工作。
- 对场馆前院和后院进行隔离，分别制订进出管理措施，登记信息，发放证件。

- 负责管理聘用的物业安保团队，做好安保团队人员的培训和管理。
- 负责组织安保团队开展治安巡逻、检查等。
- 负责安保设施的建设和维护。
- 对场馆重要活动和展览的安全提供指导、监督和帮助。
- 负责文明导览志愿团队的工作规划和日常管理。
- 负责与属地公安部门的沟通协调。

安全责任制　　建立全馆安全工作领导机构，实行安全责任制，落实一岗双责。馆长为第一责任人，分管副馆长负直接领导责任，其他分管副馆长对其分管领域的安全负有领导责任。明确馆内主责部门，各部门负责人对本部门安全工作负责。南京馆全馆安全生产的牵头部门是场馆运行部。

例会制度　　全馆性安全工作会议每季度至少召开一次；馆长和副馆长参加的安全例会每月举行一次，可以与场馆例会结合，也可以单独召开。场馆运行部每周举行安全专题会。场馆运行部负责人或分管安全的负责人定期联动各业务口开展整合式巡查，巡查结果及整改措施报馆领导。安全岗会同物业团队每日巡查并将结果通报给场馆运行部。

问责与约谈制度　　对于存在较大的安全隐患、安全责任落实不到位、整改措施不及时的部门和岗位，可以通过诫勉谈话、通报等形式加以问责。场馆运行部对全馆各外包团队管理中存在的安全问题，经请示馆领导后可以对其发出警示函，必要时可以约谈外包团队单位的主要领导。问责和约谈后整改不力的部门和岗位应予以通报批评，按规定给予处理，对外包团队可予以罚款以及解除合同的处罚。

安保中心　　场馆可以设立安保中心，将全馆安全资源和信息通过信息化手段加以汇聚，对安保各业务口和点位实施网格化、扁平化、及时化的管理。加强与属地公安部门的对接，有条件的在场馆附近或内部设立警务室，及时处置各类治安事件。

审核与批准　　场馆运行的安全保卫制度和规范报场馆决策机构批准。警务室的处置流程由场馆运行部与公安部门协商后报场馆决策机构审核。

安保团队聘用人员需经专业部门审核后报场馆运行部批准；安保团队负责人的变动应提

前征得场馆分管副馆长的同意，并向馆长报备。

一般性监控信息的调阅需经过场馆运行部负责人同意，重要事件监控信息的调阅需分管副馆长同意。调阅监控信息均需登记备案。

场馆出现的安全事故在及时处置的同时应同步报告给馆领导。

3.4 | 保 洁

概　述　　　为场馆提供清扫与垃圾清运服务,确保场馆的整洁。

原　则
- 场馆运行部会同保洁团队,分析需要保洁的重点场所和易产生垃圾的场所,与部门和岗位密切合作并制订及时有效的保洁及垃圾清运方案。
- 充分考虑垃圾分类的规范和落实。
- 南京馆是南京市城管部门的精细化管理区域,各项运行标准应达到精细化的具体要求。

要　求
- 制订场馆保洁卫生的运行管理标准,拟定网格化运行计划,并监督执行。
- 场馆运行部指导、监督保洁团队在所有客户群的流线范围内提供重点保洁服务,其他区域提供常规保洁服务。
- 保洁团队制订的规范、标准和细则需与场馆运行部及相关部门沟通一致。
- 展品、藏品等物品的保洁方式需会同文

物部共同制订。
- 制订场馆垃圾分类和处理的政策和流程。
- 把场馆厕所作为保洁的重点，保持良好通风。并定期清理化粪池。
- 制订灭鼠与虫害（苍蝇、蚊子、蟑螂、白蚁等）定期消杀计划。
- 大型活动或施工期间的垃圾清运需提前与属地城市管理部门沟通。
- 每年冬季做好场馆内部扫雪和门前三包负责区域的扫雪方案。
- 做好与保洁相关的其他事项，如疫情期间场馆的消毒。
- 保洁人员发现与观众服务相关且需要处理的事项时，应及时向相关业务口通报。

审核与批准

- 场馆运行部负责每年保洁年度计划和预算的编制，每月定期召开保洁工作例会。分管副馆长每季度研究保洁工作。馆长每半年听取保洁专题工作汇报。
- 场馆运行部应在保洁团队进驻场馆之前，把经过初审的场馆清扫、垃圾处理总体规范和计划提交馆领导审核。需要提交馆领导审核的其他材料还包括：标准类，如场馆各区域卫生标准、特殊材质养护标准；细则类，如展品（展项）卫生清洁细则、公共区域保洁细则、办公区域保洁细则等。

- 保洁团队聘用人员需经专业部门审核并报场馆运行部批准；保洁团队负责人的变动应提前征得场馆分管副馆长的同意，并向馆长报备。

3.5 设施设备

概　述　　对场馆设施设备的规划、选型、采购、安装、验收、运行、维修、更新、改造、停用、报废进行全过程的管理。

原　则　　●安全　设施设备管理是场馆安全运行的基础。

●稳定　加强日常维护保养，确保稳定运行。

●节能　严控浪费现象，节约各类资源和能源。

●适配　选配设施设备要考虑产品使用的延续性，与场馆整体的适配性。

●环保　不能对场馆环境造成污染。

要　求　　●场馆设施设备的管理实行"统筹管理、使用者维护"的原则。场馆运行部门为统筹管理部门，展览、文物等部门按照部门职责配合；场馆基础设施设备日常管理由场馆运行部门负责管理；办公及专用设施设备的日常管理由使用部门具体管理。

- 实施设施设备全生命周期管理，包括前期管理（规划、选型、采购、安装、验收），运行维护管理（运行、维保、巡检、维修），更新及报废管理（更新、改造、停用、报废）。
- 设施设备的采购按照场馆采购制度进行，采购的选型应提供多种选样，便于择优。也要考虑规范的一致性，便于长期维保。
- 设施设备的安装管理由场馆运行部总体协调，会同相关部门负责具体的组织、监管和验收。
- 场馆运行部及其他相关部门应制订设施设备的运行管理标准和计划，电力、网络、空调等主设备间应单独编制独立运行的操作管理标准，特殊岗位需持证上岗。
- 场馆运行部及其他相关部门应根据规范和实际需要提前按规定招聘专业维保机构，制订维保的标准、规范和流程，并组织设备人员巡检。
- 制订设施设备3—5年规划及年度更新、维保计划。
- 设施设备的报废由主责部门提出，经资产报废小组集体审核通过后执行。
- 设施设备全生命周期的资料经主责部门审核后交档案室。

审核与批准

● 场馆运行部牵头就全馆设施设备进行总体规划,组织各主责部门制订年度计划,报场馆决策机构审核。场馆运行部应牵头提交设备管理的标准、重要设施设备管理办法、运行管理计划。

● 设施设备团队聘用人员须经主责部门报场馆运行部并提交专业部门备案;设施设备负责人的变动应提前征得场馆分管副馆长的同意,并向馆长报备。

● 全生命周期管理的各环节按照内控流程执行。

3.6 景 观

概　述　　指文博场馆给观众呈现的景象，即视觉效果。这种视觉效果由场馆的空间、建筑、标识及绿化等构成，是一个综合体。文博场馆的景观是吸引公众视线和激发心理感受的重要因素。

原　则
- 场馆景观应全面规划，注重场馆景观风格的一致性。
- 要考虑景观的意义、内涵和功能性的融合。
- 尊重场馆景观总体设计，不随意变更。
- 重视观众心理感受。
- 临时性景观应及时更新。

要　求
- 场馆运行部门负责场馆景观的统筹管理，负责制订3—5年规划和年度计划，编制预算。其他主要负责部门负责各自业务范围内景观的规划和年度计划编制，并与场馆运行部门进行协调。
- 场馆建筑、标识、绿化等景观的较大变动要十分慎重，事前应尽量征求原设计者的意见。

- 活动类临时景观的搭建、布置要注意安全性、节俭性、协调性。
- 在标识的调整、完善中要以场馆的基本色彩为基调，并由场馆部门、展览部门协商，统一制订标准。
- 应加强文博场馆景观知识产权的保护。
- 任何涉及商业性、宗教性、种族或其他不宜内容的广告均不能出现在场馆主景观中。文创经营使用的景观应提前审核。

审核与批准

- 场馆运行部门牵头制订全馆景观总体规划和标准，协调各主要负责部门制订年度计划，报馆长办公会审核。
- 为保证场馆标识的一致性，所有公共标识由场馆运行部门牵头设计部门了解需求，就色彩、风格进行把关后制作。制作方案和图示报分管副馆长审核同意，并向馆长报备。
- 在场馆内新增、调整重要景观，均需经场馆决策机构审核批准。特别重要的须报上级主管部门审核批准。

3.7 绿　化

概　述　　绿化是场馆景观的重要组成部分。场馆运行部主要负责场馆内部的绿化维护，创造良好环境，提升场馆文化品位和品质。场馆聘请专业园林绿化团队负责具体实施。

原　则　　● **规划在前**　确定场馆的绿化目标和布局，制订控制性详细规划，就场馆绿化率控制指标和绿化用地界线的具体坐标加以标注。

● **针对实际**　绿化的规范、制度、计划和人员匹配要与场馆的实施需求相适应，合适即最好。

● **专业管理**　场馆绿化，重在养护。无论是聘请的团队，还是团队中的人员，均应具有专业的资质。

要　求　　● 场馆运行部主要负责制订绿化的规范和标准，并会同绿化团队细化绿化养护日常运行计划，细化操作规范、应急预案、保养方案等。

● 外聘绿化管理人员应持有园林管理相关职称或上岗证书，特种作业员工应持有政府或专业部门颁发的有效上岗证书。人员着工装并

佩戴统一标志，准时上岗。

- 场馆运行部门应与外聘绿化团队就绿化管养中的安全问题采取周密的措施，以避免造成人身和财产的损害，如蛀虫未及时防治引起枝条砸落等；制订由于台风、暴雨、大雪等自然灾害引起树木突然倒塌、碰线、碰屋，非养护原因造成的树枝伤人、伤物的预案。
- 场馆运行部在管理中明确外聘团队不得转包、分包，不得擅自调换、减少绿化养护管理、技术人员（含技工）等。
- 逢节庆、接待等重大活动，绿化团队方须服从馆方的工作总体安排。
- 制订考核细则，检查及考核采取部门督检和绿化主管人员随机抽查相结合的方式，定期进行考评。
- 注意用植物展现场馆文化主题。

审核与批准　　场馆运行部门会同绿化团队，把下列文件提交馆领导审核。

- 场馆绿化标准和规范。
- 场馆绿化运行维护方案。
- 绿化团队进场前应完成有关部门的人员审核。
- 绿化团队负责人变动应提前征得场馆分管副馆长同意，并向馆长报备。

3.8 | 消 防

概 述   场馆运行部负责场馆消防工作的牵头管理，在属地消防部门的指导下，实行消防安全责任制，明确消防规范，落实人员责任，做好预防教育，开展监督检查。

原 则
- **预防第一** 消防安全工作的目标是不发生重大消防安全事故。
- **防消结合** 严格按照消防部门的规定和场馆的实际情况，提出预案。
- **谁主管谁负责** 落实各层级的消防安全责任制。

要 求
- 场馆确定消防安全管理部门和岗位责任人，确保消防责任在场馆落小、落细、落实。
- 严格执行消防法规，制订场馆消防的标准和消防工作年度计划。计划中要强调文物等重点区域的消防监管。
- 成立场馆专职消防队，配备专门消防物资，开展日常消防管理，组织消防安全教育。
- 对用电、用气、用火制订专门的管理办法。

尤其要加强施工动火管理、厨房烟道清理管理、展厅内部用电安全管理和电瓶车充电管理等。

●场馆前院和后院室内公共场所全面禁烟，后院室外可划定固定吸烟区。

●制订灭火及人员疏散预案，并定期开展演练。

●定期邀请消防部门进行专业指导和培训，及时消除隐藏的问题。

●消防职能部门每周定期与设备、安保、施工等主要相关业务口就发现的问题进行会商。主责部门责任人每月召开消防例会，督促检查，协调推进。

审核与批准 　场馆消防标准、年度计划和预算均须报场馆决策机构审核。

消防例会纪要须报馆领导。

3.9 客 服

概　述　　广义的概念是为参观者提供服务的总称，如售票、讲解、科教文化活动、餐饮、文创等，狭义范畴主要指问询、寄存、助览、会议服务等。本节指狭义概念，广义内容在其他章节另述。

原　则
- **以观众为中心**　客服的各项服务内容设计、标准、流程等都围绕观众的需求，以体验感和满意度为评价标准。
- **善于沟通**　要定期开展观众调查。以观众能够理解和接受的方式传达信息，实现有效互动。
- **快速反应**　对于参观者提出的意见和建议，迅速做出反应，并及时解决。

观众满意度　　观众在场馆实际"感知"到的和预设"期望"之间的差距。

要　求
- 制订场馆客服各业务口服务标准及流程。
- 定期开展观众满意度调查，了解观众需

求,并及时改进。

- 制订客服工作年度计划及预算。

- 文博场馆客服可设置人工客服和电子客服。人工客服可以细分为文字客服、视频客服和语音客服三类。积极探索和尝试运用新技术改进客户服务方式。

- 将观众信息反馈给相关业务口纳入场馆运行日常管理的即时流程,如现场意见、电话意见及在新媒体发布的意见,每日研判,及时解决。

- 对观众重复性意见和建议进行梳理,从体制机制等方面提出改进意见,形成制度。

- 建立起客服与场馆各相关业务口及时沟通和解决问题的机制。

- 客服人员的综合素质要求较高,应具备严谨的工作作风、热情的服务态度、熟练的业务知识、积极的学习态度、耐心的沟通方式等。因此培训工作十分重要。

审核与批准　　客服各业务口标准和流程须报场馆决策机构审核批准。

客服年度计划和预算须报主责部门审核,报场馆决策机构批准。

客服收集的观众意见和建议需定期整理报分管副馆长和馆长。

3.10 智慧场馆

概　述　　智慧场馆是基于博物馆核心业务需求的智能化系统及运用。这是文博场馆的重要发展方向。南京馆自2016年启动场馆数据平台项目，并在管理、传播、展陈等各方面积极探索智慧场馆的构建。

原　则　　● 以场馆观众需求和业务需求为导向，梳理博物馆运行管理的各要素关系，构建智慧场馆的框架。

● 智慧化建立在场馆管理标准化和业务数据化的基础上，提供"人（包括现场观众和线上观众、博物馆员工、相关机构和管理部门），物（包括藏品、各类设备设施、库房、展厅等），数据"三者之间的双向多元信息交互通道。

要　求　　● 制订场馆智慧化发展的中长期规划、年度计划及预算，积极争取各级资金支持。

● 构建博物馆大数据中心，为智慧博物馆的建设搭建统一的平台体系。

● 推动博物馆内部人、财、物管理制度的

体系化、标准化、流程化，依托智慧体系形成高效协作的工作模式。

- 运用人工智能、大数据、云计算以及移动互联网等技术，对博物馆全业务进行数据化、信息化管理。
- 把文物和藏品的数字化保护、管理和利用作为重点，让静止的文物和藏品在互联网中得到有效再现和传播。
- 依托积累的观众数据，勾勒用户画像体系，进行标签化、信息化、可视化，为展览、教育、传播、研究等提供精准服务打牢基础。
- 发挥好传播在智慧化建设中扩大场馆影响力的独特作用。

审核与批准 场馆智慧化发展的中长期规划、年度计划及预算须报场馆决策机构审核批准。

智慧场馆的项目及预算须报场馆决策机构审核批准。

3.11 | 语言服务

概　述　　语言服务是为了解决文博场馆的内容传播和文化交流的沟通问题。语言服务重点向观众及参与场馆文化交流的境外客户群提供。语言服务可由外事部门牵头，研究、教育等部门参与。语言服务的内容包括：

- 展览内容的翻译。
- 多语种讲解。
- 讲解的翻译。
- 为来访嘉宾提供口译服务以及翻译会议记录；为需要的采访、新闻发布或会议提供口译服务；为场馆的标识、文档、出版物和互联网作品提供翻译服务；等等。

原　则
- 对于规模较大、国际化程度较高的场馆，可以招聘专业译员；一般需求的场馆可以招聘合同商提供翻译业务。
- 专业化的内容尽量请专业性翻译机构执行，避免出现常识性错误。
- 需要对外发布的翻译内容，在专业机构翻译后最好请母语专业人员做最后审核。

- 对于非常见的语种翻译需求，无法提供翻译服务的，应提前告知对方。

要　求
- 一般来说，中国文博场馆除了汉语以外，可以根据实际需求增加英语服务，也可以根据客户群的情况做其他语种的增补。如南京馆内的展览内容使用中、英、日三种文字，馆内标识则采取中英双语。
- 场馆外事部门指导全馆语言服务工作，会同研究、展览、传播、运行管理等部门制订语言服务标准和规范，制订语言服务年度预算。
- 在教育和文化交流中，充分考虑目标客户群的语言和文化特点，采取相应措施满足客户的需求，以求实效。
- 积极建立符合本场馆要求的语料库。

审核与批准　　场馆语言服务标准和规范及年度预算须报场馆决策机构审核批准。

3.12 医疗与保险

概　述　　医疗服务是指观众在进入场馆参观期间，为观众提供及时、合理合规的医疗服务。文博场馆应购买场馆保险。

原　则　　●**有限服务**　一般文博场馆并没有专职的医务机构和人员，只能提供有限的合规服务。

●**法律界限**　场馆应在对外的公示中表明医疗服务范围，仅限于一般性服务或志愿服务。对于突发性疾患等重大疾病患者只负责帮助联系专业医疗机构。团队观众如已经通过旅行社购买了保险，则应由旅行社负责，场馆做好配合。

要　求　　●场馆应与临近的专业医疗机构建立联系，以便观众出现突发疾患及时联系。事前可以协商建立观众突发疾患就医的绿色通道。

●可以建立场馆医疗志愿服务团队，对于轻微擦伤、磕碰及中暑等进行初步处理，可根据观众需要协助联络救护车。

- 积极联系卫生部门或当地红十字会为场馆配备适宜的急救设备和红十字会志愿者。
- 为场馆购买常年性保险。

审核与批准　　涉及场馆医疗与保险的制度须报场馆决策机构审批。

3.13 餐饮服务

概　述

原　则
文博场馆在馆区内向观众提供的餐饮服务标准、服务要求、服务流程和监督考核等。

● 客户需求为先　餐饮服务应进行客户群需求分析，针对观众的年龄、来源地、到馆时间、流线以及季节等因素设计餐饮服务项目。

● 卫生安全至上　餐饮服务严格执行国家卫生标准和规定，确保不发生卫生事故。建立完整的供货商档案，包括卫生许可类文件，食品的采购、验收、存储、售卖等要制订详细的规范和流程。

● 服务满意为要　在餐饮服务中要以观众满意为目标，不断提高服务水平。

要　求

● 场馆后勤服务部门主要负责餐饮服务，牵头负责餐饮服务标准的制订、团队的招聘、日常的管理和考核。南京馆的主要负责部门是场馆运行部。

- 场馆的餐饮服务要根据观众需求和场馆实际提供合理的服务项目。场馆方牵头每年开展观众需求和满意度调研，及时调整和完善餐饮服务。

- 一般采取外聘专业餐饮团队的方式为观众服务。由主责部门提出需求，与采购、审计、财务等组成采购小组，根据调研需求组织招聘。

- 外聘餐饮团队的运行管理必须服从国家关于食品卫生的各项标准和规定。进场前，外聘餐饮团队必须提供管理标准、管理流程，以及人员的相关证件，并作为检查依据征得场馆方的认可。

- 场馆主责部门定期对餐饮团队进行考核，服务质量应在合同中事先加以约定，作为奖惩的依据。发生卫生事件的团队必须一票否决。

- 场馆主责部门要加强对外聘团队安全生产的管理。

审核与批准

- 场馆主要负责部门制订的餐饮服务标准、餐饮管理流程和招聘计划报场馆决策机构审核批准。

- 每年的观众需求调查、餐饮团队中标结果、卫生管理中的突出问题和日常考核等由场馆主责部门按规定及时处理，向分管副馆长报告，并定期向场馆决策机构报备。

3.14 | 文创服务

概　述　　文创服务是文博场馆挖掘场馆主题文化，创意设计、制作文化创意产品，并为观众提供销售服务的全过程。其核心目的是实现主题文化的有效传播，并取得合理收益，反哺文创开发。

原　则　　● 社会效益第一　社会效益与经济效益双效统一。文博场馆承载了教育功能，其文创产品也需突出丰富的教育功能。

● 把握观众需求　根据场馆客户群的不同特点围绕主题进行研发，使得场馆文创产品"对路子"，有显性。

● 逐步推进　目前国内文博场馆的文创服务尚处于试点阶段，需要根据政策逐步推进。

要　求　　● 探索建立多元化的文化产品开发模式。在确保公益目标、保护好国家文物、做强主业的前提下，依托馆藏资源，结合自身情况，可以采取合作、授权、独立开发等方式开展文化创意产品开发。

- 可以探索通过博物馆知识产权作价入股等多种方式从事文化创意产品开发经营。
- 制订场馆文创服务的规范、标准和流程。重点把好内容策划关、财务关、安全关。
- 开展观众需求调查，定期分析，及时改进服务的内容、品种、质量等。

审核与批准　　场馆文创服务的规范、标准和流程须报场馆决策机构审核批准。

场馆文创服务年度计划和预算须报场馆决策机构审核批准。

文创经营模式的确定和变更须报场馆决策机构审核批准。

3.15 ｜工程管理

概　述　　　对场馆负责的新建、改扩建、展览（含临时展览）、重大维修及零星维修等工程的管理工作。

原　则　　　●**科学化思维**　系统思考场馆的整体规划，各工程项目着眼于场馆可持续发展。

●**标准化指导**　遵守国家有关法律、法规和规章，执行规定的建设程序、标准和规范，接受行业自律性管理，恪守职业道德，诚信守约。

●**项目化管理**　不断提高项目管理队伍的专业素质和水平，提高项目管理效率。择优选用专业化项目管理单位或团队，并强化全流程监管。

要　求　　　●制订场馆工程管理的规划、计划、标准、流程和预算。

●实行施工准备、施工管理、验收管理、结算管理和质保管理的全过程管理。必要时可由施工主管部门牵头成立专项工作小组。

●超出场馆管理资源范畴的重大工程可以采取代建、工程项目管理等方式，但场馆应履行应有管理职责。工程例会应加强知识管理，形成纪要备案。

- 工程主管部门应组织实施单位、监理单位及场馆内相关职能部门等共同商量工程规划、节点、重点，有需要的还应商议技术和工艺。
- 加强工程现场管理，包括人员审核、施工区域、出入流线、文明施工、物料堆放、水电配合、用电负荷、动火管理等。施工方在上岗前应对工人进行安全生产纪律教育、保密教育及各项安全、消防管理规定教育。所有人持证上岗，严禁将无关人员带入施工现场。严禁拍摄活动现场视频及照片用于网络传播。
- 加强进场材料验收、工序验收、分部分项验收、试运行验收、工程竣工验收等验收关键环节管理。
- 在施工前由审计等部门提出核验清单，避免事后填报，耽误结算进度。
- 务必与实施单位签署"工程质量保修合同"，规定保修内容、时限、技术要求等要素。
- 一般应与实施单位签订保密条款。

审 核　　工程规划和年度计划及预算须及时报场馆决策机构审核批准。

重要工程例会原则上由分管副馆长牵头，可在关键节点或需要时请馆长参加，就重要事项进行研究；必要的须报场馆决策机构审核批准。

馆内工程事项报批一般需经过岗位主要负责人、项目小组、部门分管领导、部门负责人、分管副馆长、馆长依次审核的流程，必要的还须报场馆决策机构审核批准。

3.16 讲解服务

概　述　　讲解服务指文博场馆为来馆参观的观众提供的有关展览、展品和场景的讲解和介绍。

常见的讲解类型

●**公务讲解**　由文博场馆办公室统一对外承接的重要嘉宾或其他客户群的讲解服务。对此客户群，一般实行免费制度。

●**定时免费讲解**　场馆根据预先安排的时间和项目为观众提供的免费讲解服务。南京馆一般每天安排不少于8场次的免费定时讲解。

●**预约收费讲解**　场馆讲解团队在力量允许的范围内，为观众提供的有偿讲解。相关收入按"收支两条线"规范管理。

●**讲解器服务**　场馆可以准备多语种的讲解器弥补讲解人员的不足。讲解器的使用一般需收费。

●**互联网讲解**　积极运行微信等新媒体为观众提供免费讲解服务。

●**专项讲解**　为场馆重大活动等提供的专案性讲解服务。

原　则

●规范化　制订场馆讲解规范和运行流程。

●计划性　讲解员在接待前应根据接待计划及观众的组成等因素，做好提前准备。计划应包括观众的特点和关注的重点、参观的路线、讲解的要点、时间的安排及顺序等。

●以观众为中心　定期开展观众调查分析，了解需求，持续改善。

●讲解员因人施教　避免千篇一律的讲解，要根据不同观众的具体情况，在接待方式、服务形式、语言运用、讲解方式方法上有所调整。无论采用何种方法或技巧，都必须以讲解大纲为依据。

要　求

●场馆教育服务部门根据实际情况制订讲解服务的标准和规范。

●制订年度讲解服务的总体计划和预算。

●召开讲解服务例会，进行定期讲评。

●强化讲解人员的培训，提高素质，适应各类客户群的需求。

●重视讲解服务设施设备的常态性维护，确保设备能有效使用。

●在互联网迅猛发展的情况下，高度重视讲解服务与网络的结合。尝试突破场馆的界限，为没有来馆的关注者提供"云讲解""直播"等服务，吸引其到馆实地体验和参观。

审核与批准　　讲解服务的标准和规范须报场馆决策机构审核批准。

　　讲解服务的年度计划和预算须报场馆决策机构审核批准。

3.17 文化与教育

概　述　　开展文化与教育活动和交流是文博场馆提升自身影响力、发挥应有教育功能的重要工作。文博场馆应结合自身定位，开展丰富多彩的文化与教育活动。

原　则
- 注重以场馆实物组成的陈列及其他辅助形式对观众进行直观教育活动。
- 场馆文化和教育活动需针对来馆观众兼及社会受众。
- 注重活动前、活动中和活动后的全流程教育活动管理。
- 制订场馆文化与教育计划时，要考虑参与者的特点，包括年龄、教育程度、国家与地区等，以确保参与者能够理解。
- 文化与教育活动为场馆向多功能的文化中心发展提供支撑。

要　求
- 研发符合场馆特点的文化与教育活动项目，并制订运行管理规范和计划。
- 场馆的讲解团队往往兼职社会教育，讲

解人员和参与接待的研究、文物、展陈、传播等人员都是教育工作者。

● 依托场馆的不同场景给参与者以适当的仪式感，尤其要注意其中的人文关怀。

● 在文化与教育活动中尽可能让参与者能够有互动参与的部分，注重体验感。

● 文化与教育活动是年度周期性的，应在总体主题不变的前提下力求创新。

● 在文化与教育活动中，特别要重视青少年群体，建好"第二课堂"。

● 重视各类艺术形式在场馆义化与教育活动中的适当运用。

● 文化和教育活动在安排上要考虑各场次之间的时间，做好预约，预留准备时间。

● 开展制度性观众调查，了解观众需求。

南京馆在文化与教育上的支柱理念

铭记历史、珍爱和平

● **不忘**　幸存者家祭活动。由南京侵华日军受害者援助协会组织，向所有在册的幸存者、死难者家庭发出通知，在每年清明节为来馆的家庭做好服务。同时在11月20日至12月场馆安保封闭前以家庭为单位组织其到纪念馆进行祭奠活动。组织对家祭活动进行报道，尤其是注重新媒体的连续性报道。

● **感恩**　国际安全区徒步活动。国际安全区的国际友人的后代、南京地区市民代表、外国留学生代表等共同参与，围绕南京安全区范围徒步一周，约8公里。在国际友人的纪念日组织各类小型纪念仪式。

● **思考** 系列图书的出版发布。将年度主题图书集中进行新闻发布，由纪念馆史料研究部牵头组织。

● **参与** 在日常各类文化与教育活动中贯穿体验感的理念，设计观众参与流程。如每天组织观众撞响和平大钟、每月组织观众参加升旗仪式，同时组织好紫金草国际和平学校、紫金草和平大讲堂、小小讲解员、历史与和平研学活动等一系列的参与性活动。

● **祈愿** 组织各类悼念性活动，研发符合中国文化、国际惯例、场馆特点的悼念仪式。如每年组织中日等国僧侣在死难者名单墙前举行以祈愿为主题的世界和平法会等。

● **展示** 每年组织系列临时展览和境外展览，定期安排国内巡展。每年推出约10个原创展览，其中，在每年国家公祭日前完成一个以"历史与和平"为主题的展览，在12月13日国家公祭仪式后开展。

● **和平** 在每年9月21日国际和平日那天组织相关活动。12月13日组织"烛光祭"，以参加国家公祭仪式的嘉宾为主体，邀请南京市民代表参加,表达和平愿景。开展国际和平城市海报双年展和国际邮品设计大赛及双年展。

除了以上文化与教育活动,在时间和预算允许的前提下,鼓励与其他机构合作创新。

审核与批准 教育服务部牵头,会同各部门制订场馆文化与教育规划和年度计划,将各项目的运行计划或工作方案提交场馆决策机构审核批准。

各部门制订主责的文化与教育活动的标准和规范,提交场馆决策机构审核批准。

3.18 志愿服务

概　述　　文博场馆志愿服务工作涵盖了全业务范围，特别是讲解、导览等各项事务，既可以为员工分担部分工作，也可以发挥场馆培育和弘扬社会主义核心价值观、传播社会主义先进文化的重要作用。

原　则
- 把社会主义核心价值观融入场馆志愿服务，引导人们服务他人、奉献社会。
- 突出爱国主义主旋律，以文化人、以文育人，引导人们树立和坚持正确的历史观、民族观、国家观、文化观。
- 立足场馆实际需求，抓点带面，带动各类志愿服务组织和服务项目在场馆的制度化、常态化。
- 深化志愿服务内容和形式创新，因地制宜，科学规划，突出特色，打造品牌。

要　求
- 实行志愿者工作站制度　工作站由教育服务部门主责，可以根据运行需求设立志愿者分队。教育服务部门主责工作站日常管理，工作站负责制订志愿服务管理制度，编写志愿服务手册或服务指南，为志愿服务提供基本遵循的依据。各分队由使用部门根据业务需求做好日常管理。

●**志愿者管理** 场馆应在教育服务部门设立志愿者管理的专门岗位，承担志愿者协调员的职责，管理工作站日常事务。各业务部门负责人负责本部门志愿服务项目，安排人员负责日常事务。

●**志愿服务预算** 教育服务部牵头制订每年志愿服务总体项目计划和年度预算，在当年10月份制订次年全馆预算时上报研究。

●**工作例会制度** 馆领导班子每季度集体听取志愿服务工作专题汇报，及时解决问题。教育服务部每月召开工作站工作例会，分管副馆长参加。建立工作站与分队信息定期报送机制，教育服务部每周安排例会，研究、协调日常事务。

●**志愿者招募** 注重招募符合场馆实际需求的志愿者，尤其是有热情、有时间、有专业能力且身体健康的"低龄老人"，以确保志愿者队伍的稳定性。鼓励从文化单位、研究机构、专业院校招募志愿者，支持专家学者和社会知名人士积极参与。支持依法登记的社会组织特别是慈善组织及其志愿者队伍参加力所能及的志愿服务。在校学生参与志愿服务，原则上应由学校统一组织。不满18周岁的未成年人经其监护人同意或由其监护人陪同，可参加与其年龄、身心状况相适应的志愿服务活动。鼓励招募本单位职工利用工余时间参加志愿服务。

●建立和完善志愿者注册制度　保护志愿者个人隐私，志愿者应在注册时，提供真实身份信息、服务技能、服务时间、联系方式等个人基本信息。以场馆实际需求为主招募志愿者在场馆实际运行中与具体工作的匹配度会更好，但须向志愿者协调员提前做好报备和沟通。可以开展经常性招募和临时性招募。

●坚持项目化运作　项目定位要符合场馆需求，明确岗位职责、服务标准和工作流程。一般来说，文博场馆的志愿项目分为社会教育（讲解导览、公共教育、文化活动等），专业服务（文创开发、藏品登记、采访传播、专业研究、文献翻译、陈列展览、幸存者慰问等），辅助管理（行政运行、信息咨询、环境秩序维护等），需要进行分类管理。

●点计划　在日常工作中，志愿者协调员应会同用人部门制订志愿服务人员的"点计划"，对场馆运行中需要的人员进行数量预测、岗位分配和人员部署。

● **加强志愿者日常管理** 建立和完善志愿服务记录制度，开展以志愿服务时间和服务质量为主要内容的综合评价。以提升志愿者素质和能力为重点，组织学习培训，提高志愿者的服务意识、服务能力和服务水平。建立志愿者嘉许制度，褒扬和嘉奖优秀志愿者，积极探索优秀志愿者激励回馈制度。根据志愿服务活动的需要，为志愿者提供适当的交通、误餐等补助，购买必要保险，提供基本保障，切实维护志愿者的正当权益。

南京馆的志愿服务工作愿景

以紫金草为统一对外符号，以传播历史与和平为己任，建立健全志愿服务组织体系、志愿服务项目体系和志愿服务管理制度体系。志愿者队伍适应场馆发展需求，志愿服务组织充满活力，志愿服务在各业务口广泛开展，履行全国公共文化设施志愿服务示范点的作用。

博物馆之友

文博场馆的博物馆之友组织具有广泛的社会代表性，凡是热爱博物馆事业，愿意为博物馆工作的人，均可申请加入博物馆之友组织。博物馆还可根据需要，特邀相关人士参加。博物馆之友的活动通常由博物馆组织，主要形式有：参观所在馆的陈列展览，参加讲座和座谈

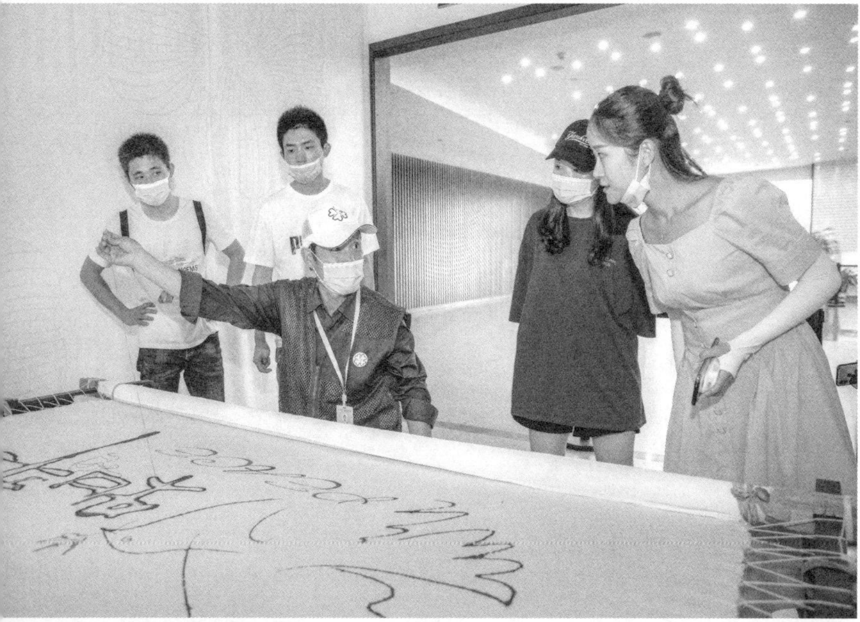

2018年紫金草学雷锋志愿服务队
表彰大会

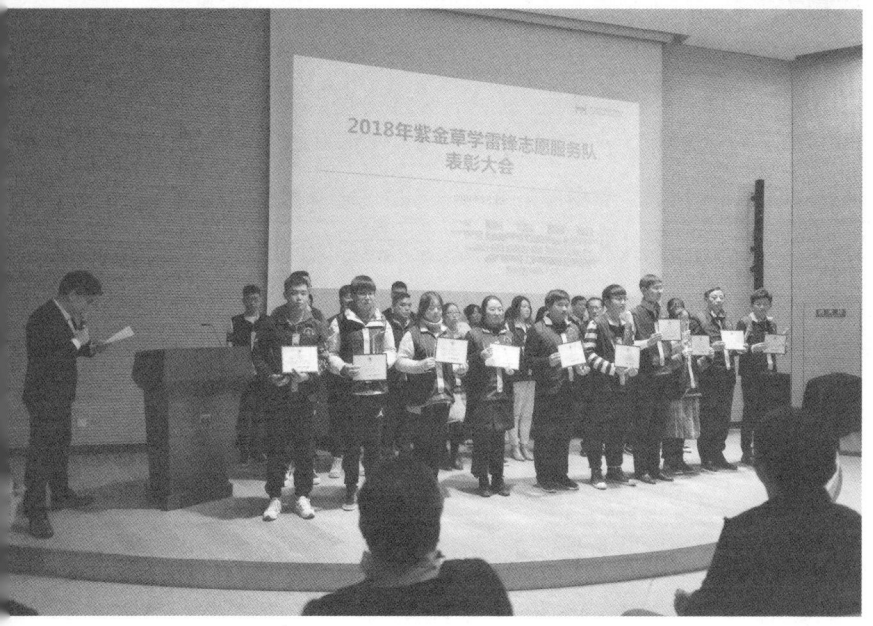

活动，优先获得所在馆的出版物，参加馆内诸如社会教育、藏品的研究和陈列展览的设计等业务活动。有条件的，还可以参加博物馆的专业性工作。长期参加志愿服务活动、具有一定专长的人员也可以将其吸纳为博物馆之友。

审核与批准　　每年的志愿者工作计划和年度预算须报场馆决策机构审核批准。

工作站的志愿者管理标准和制度须报场馆决策机构审核批准。

全馆性志愿者日常管理事项须报分管副馆长审核批准。

各部门的志愿者项目须报各自的分管副馆长审核批准，并向工作站报备。

3.19 | 仪式组织

概　述　　仪式是指典礼的秩序形式。仪式是博物馆尤其是纪念馆类场馆开展教育的重要形式。仪式组织应有规范、标准和流程，并进行及时有效的传播。

原　则　　●**主题鲜明**　注重场馆仪式内涵的深刻挖掘，组织的任何仪式都应当与场馆的主题和气质相符合。严禁具有商业属性的内容。

●**提前规划**　仪式活动需要庄严、肃穆的场景，应提前周密规划，制订运行计划。在规范设计中要充分考虑参与者及社会受众的心理体验。

●**把仪式环节的组织作为核心**　确保仪式环节衔接紧密，严丝合缝，庄严肃穆，万无一失。

●**传播意识**　组织仪式既是为现场观众提供的服务，也应积极通过媒体加以传播。在仪式设计和传播中需注意突出代表性，如代表性人物、标志等。

要　求　　●仪式主责部门提前制订仪式运行计划，

按照节点推进。大型仪式活动一般分为六个阶段：项目启动、总体规划、基础设施建设、演练就绪、仪式运行、解散退场。小型仪式可以简化，但是六个阶段不可或缺。

● 仪式的运行管理注重六个方面。

标准：制订的标准着眼于仪式活动需要的条件、程序和机构、法律准则以及职责。

规范：在制订标准的前提下，将标准转化为可以执行的规范和流程，形成运行计划。

组合：将各项目小组的运行计划进行组合、磨合，形成精准的仪式流程，其中仪式主责部门要重视加强与传播部门的提前会商和协调。

演练：重要的大型仪式筹备期间应当进行内部桌面演练，组织各相关方（如仪式、安保、接待、群众、属地等）集体桌面演练，还要进行多次的现场联调联试，以问题为导向，不断精进。

支持：作为属地场馆，如仪式活动涉及馆外单位和机构，还需承担除仪式流程以外的馆内各项保障工作，应确立"兜底"意识，支持和保障馆外单位和机构业务的落地。

评估：场馆通过过堂会及专业机构测评等方式进行活动前后的评估，以管控可能的各类风险。

- 仪式主责部门应负责制订、提供、检测和实施仪式流程并保证其顺利运行所需的物资。可以选择一个或多个具备仪式流程物资标准要求的技术合作伙伴或合同商，要与这些合作伙伴或合同商共同制订、确定、测试并运行合适的解决方案。

- 仪式音响设备是关键点，需要选择技术优良、熟悉情况的团队负责执行。应安排专人负责保障仪式活动期间场馆电力电源、通信及网络的正常安全使用。重大活动电力保障应根据规模制订专案。

- 户外仪式应高度关注天气情况，并做好预案，准备应急遮雨棚、一次性雨衣等。可以提前与气象部门沟通，为仪式工作提供准确、高效的气象预报服务。

- 做好仪式现场的媒体服务与管理，避免因抢拍镜头等造成混乱，影响仪式庄严感。

审核与批准

场馆年度仪式活动计划和预算须报场馆决策机构审核批准。

重要仪式活动的运行计划需提交馆领导和关联部门集体审核。

南京馆主责的国家公祭仪式现场组的标准和方案须报活动指挥部批准。

3.20 展览与展示

概　述　　展览与展示是文博场馆核心的服务产品，策展能力是展览工作的核心能力。打造包含基本陈列、专题展览和临时展览的展览体系是文博场馆发挥社会教育功能的基础业务和核心服务。

原　则　　● **正确导向**　展示、传递正确的历史观和价值观。

● **科学表达**　展览展示的内容要以学术为支撑，尊重史实，杜绝虚假，做到全面、真实、准确。

● **审美需求**　展览展示的文字、照片、展品要满足观众的审美需求，善于用故事叙事。

● **积极创新**　注重原创展览展示的研发，倡导多样化的表达载体和形式。

● **利于传播**　在展览创意阶段，传播业务职能部门也应提前介入，做好全流程传播。

要　求　　● 制订场馆展览与展示的 3—5 年规划、年度计划和预算。

- 展览、研究、传播、教育、运行等部门联动策展，形成合作、协同的运行机制。南京馆由馆领导牵头成立策展委员会，加以统筹协调。
- 以"不求所藏、但求所展、开放合作、互利共赢"的理念集纳广泛的社会资源，形成合力。
- 制订从项目立项、大纲撰写、签约设计、制作施工、展期服务、观众调查、撤展归档等标准和流程。
- 探索展览展示的互联网运用，提高展览展示和传播效果。
- 重视展览展示工作的国际化交流，不断提升海外影响力。

审核与批准　　展览与展示规范和年度计划及预算须报场馆决策机构审核批准。

展览与展示项目须报场馆决策机构审核批准。

各类展览内容需按流程要求进行报审。

3.21 研究与出版

概　述　　　文博场馆设立学术研究与交流的机构或非机构性的机制，搭建专业性学术平台，以本场馆员工为基本力量，吸纳国内外本专业知名专家学者和各界学术人才参与，并定期或不定期出版学术和大众化出版物。

原　则　　　●**学术立馆**　研究工作是场馆发展的基础性工作，是为教育、传播、展览等其他业务提供支撑的板块。

●**规划先行**　制订研究与出版规划及相关标准。

●**人才为先**　注重本场馆研究人才持续性培养，形成合理的研究人才结构。

●**集纳资源**　善于以合理的机制广纳国内外各级各类人才，在场馆研究平台发挥积极作用。

要　求　　　●场馆研究与出版部门主责制订年度研究与出版计划和预算。

●根据发展需要制订人才招聘和培养计划，及时招聘专业人才，形成梯次。

- 为研究人员提供课题、培训、交流和资金等支持。
- 可以实行知名专家与场馆研究人员"结对拜师"等形式,加快年轻研究人员的成长。
- 文博场馆研究人员注重研究与实践的结合,应当承担研究工作项目管理,提高研究人员的综合能力和场馆整体研究水平。
- 出版物的形式。当前,部分纸质印刷出版物仍有一定需求,但数字出版物及新媒体将是场馆对外交流的主要手段。出版物计划除了基础性史料和研究课题以外,应积极研发大众化读物,提高场馆教育功能。南京馆除了中、英、日三种语言的馆刊《日本侵华南京大屠杀研究》外,每年都要出版各类学术性和普及性图书。除非有特殊需求且经批准,否则场馆印刷物不得包含广告内容。

- 在政策允许的情况下，积极探索和创新对研究人员的人事管理方式。
- 有条件的场馆在基础研究的基础上可以建立主题性智库，为各级部门提供智力支持。如南京馆在 2016 年成立了中国文博场馆第一家智库机构"南京大屠杀史与国际和平研究院"。

审核与批准　　年度研究和出版计划及预算须报场馆决策机构审核批准。

人才培养计划由人事职能部门会同其他部门提出报场馆决策机构审核批准。

智库等研究机构需要制订专门规范，报场馆决策机构审核批准。

出版物需遵循场馆申报和内容把关等相关制度。

3.22 传播与媒体运行

概　述　　传播工作是文博场馆的一项基本职能，对于提升文博场馆的影响力、放大教育功能有着极端重要的作用。媒体运行是指文博场馆为各类媒体提供服务，包括良好的工作环境和采访服务，以便文字、摄影及广播电视媒体和新媒体工作人员能够充分报道文博场馆的各项工作，覆盖尽可能广泛的受众。

原　则　　●**坚持正确的舆论导向**　文博场馆的传播内容要遵守国家有关法律法规，倡导正确的人生观、社会观、价值观。

●**紧紧围绕场馆主题**　策划及传播的主题应紧扣文博场馆的定位和主题，不偏题、不跑调、不失位。

●**秉持严谨的历史态度，做权威内容的发布者**　所发布的内容应立足于史实和事实，从书籍、媒体转发和引用的内容须重新验证后再使用。

●**服务"两众"**　文博场馆的传播工作既要重点服务好来馆观众，也要服务好社会大众。

●**着眼创新**　研究"两众"的特点和变化，

不断推出新的产品和服务。

● **为媒体提供专业化的服务** 运用媒体运行的理念服务媒体，使场馆成为主题"通讯社"，这是扩大场馆影响力的关键。

● 舆情回应权威、及时、适度

要　求

● 场馆建立单独的传播部门或在主责部门下设专门团队，也可以建立机制，吸纳社会资源，确保人员的专业化。

● 制订场馆传播工作的规划、标准和流程。

● 在人力资源能力范围内积极设立自媒体平台和矩阵。一般来说"两微一抖（微信、微博、抖音）"是目前的基本标配。

● 建立传播团队的定期策划机制。每月收集场馆主要工作信息，加以分析；每周召开重点选题策划会；每天召开团队总结和选题会。

● 传播意识应成为场馆各部门的基本要求。特别是教育、研究、文物、运行等板块，要将传播作为运行管理中必不可少的流程。教育部门或其他部门在做活动立项启动时就应与传播团队共同策划，以期产生更大的社会影响。

● 加强与大的传播平台的合作机制，让场馆的传播内容结合微博、微信、抖音等各类新媒体的平台特性，促进影响力的最大化。

● 建立与各类媒体的定期沟通机制，通报

第三部分　文博场馆运行管理的职能要求

场馆情况，了解媒体需求。

● 针对与本场馆相关的舆情的回应要确保准确、及时。对于一些没有得到核实的信息，不急于表态，"让子弹飞一会儿"，确认后再进行回应。回应内容由事项主责部门提出，传播部门给予初步把关，场馆主要领导终审。

● 积极探索文博场馆融媒体机制，整合场馆各类信息，针对受众特点，形成不同产品，多渠道发布。

● 加强内容审核，确保内容准确，符合时宜和场馆气质。

审核与批准

● 传播部门的发展规划、年度计划、重点项目和预算应提前报场馆决策机构审核。

● 重要传播项目在策划时和实施前分别报馆领导讨论与审核。

● 传播内容由编辑初审、专家把关、部门负责人审核，分管副馆长审签，重要内容由分管副馆长报馆长审签。

3.23 | 藏品管理与利用

概　述　　藏品是指永久收藏的，有历史、艺术、科学价值的物品，包含馆藏文物，也包含复制件、复印件、参考品、纪念品等文博场馆的藏品。藏品管理包括藏品征集、藏品入库、藏品定级、藏品数据化、藏品利用等全流程的管理，涉及工作的职责、范围、渠道、流程、经费使用及工作要求等。

原　则
- 藏品征集的范围符合本场馆的定位，应特别重视与场馆核心内容相关的藏品征集。
- 运行管理标准清晰、健全，账、物分离保管。
- 重视藏品及时的数据化。
- 主动做好藏品的研究和利用。

要　求
- 制订藏品征集3—5年规划、年度征集计划及预算。
- 制订藏品征集和管理完整的工作程序和方法，包括征集、接收、鉴选、分类、定级、登账、编目、建档、入库、保管、提用、注销、统计等任务和内容。

- 注意运用各种技术进行藏品的现代化管理,减少藏品管理中频繁的手工劳动,提高工作效率。
- 倡导建立场馆藏品数据中心,并对社会开放。
- 把当下产生的重要物品纳入藏品征集范围。
- 做好场馆藏品的利用,藏品利用遵循"非营利性"原则,如涉及文创开发等,注意版权保护。

审核与批准　　藏品管理的标准和制度由场馆决策机构审核批准。

　　征集的规划和年度计划由场馆决策机构审核批准。

3.24 规划、协调与整合

概　述　　场馆管理机构负责规划、组织场馆运行。为完成场馆有序运行，场馆所有职能部门需秉持合作与协作的精神。

● 场馆决策机构根据场馆总体规划，以民主集中制的方式，依据内控的流程构建场馆总体协作模式。各职能部门主要负责本领域的规划流程与协作，从而形成各部门内部、各部门之间、各部门与场馆决策机构之间的整合。

● 办公室在场馆全面工作规划、协调与整合的业务中发挥着牵头作用。

● 在场馆营造信息与知识共享的文化和环境。

● 通过规划、协调与整合，积极构建场馆部门之间，场馆与属地及各级机构的相互促进关系。

原　则　　● **总体政策**　场馆应着眼本场馆发展愿景，拟订运行管理的总体政策。规划、协调与整合等职能部门应协调、督促政策的制订、执行与持续完善。

- **规划与管理框架** 场馆应牵头各部门制订管理本场馆的各种计划，设计并实施一套流程与框架。该流程与框架应包含各层级内部审核时间。在设计该流程与框架时，应征求各相关部门的意见和建议。

- **运行规划的演练** 在规划完成后，各职能部门应根据具体需求拟定执行方案，主要是用来检验和演练各种规划。

- **综合性任务** 场馆经常会组织综合性任务，需要制订周密的协同计划，在各层级都要进行有效审核，以确保进程的协调一致。

- **信息与知识管理** 场馆应建立信息与知识管理程序，以协调、保证安全存储所有与场馆相关的内外信息、文件和资料。确保场馆这些信息与知识可以在周期性管理中得到有效利用。

要　求

- **建立协作模式** 场馆应建立一个符合自身需求的协作模式，以确保定期沟通相关信息，包括例会制度、技术会议、项目评审会议等及时协调机制的建立、运行和管理。

- **规划变更** 各职能部门应向场馆决策机构提出规划以及之后的流程，包括为实现目标而采取的步骤、预期结果以及审核的总体情况。任何对原批准规划的变更，必须向场馆领导层重新提议。

● **总体进度表** 职能部门应提交全年或某项事项周期内的进度表。场馆办公室应制作全年场馆总体进度表。

● **文件管理** 场馆办公室应制订公文流转规范和年度发文规划，明确必须制订和发布的文件类型、项目及节点。应尽量减少发文数量，一般性事项以协作模式解决。制订印信管理制度。

● **督促检查** 场馆办公室应对场馆重要事项定期督促检查，及时解决问题，确保进度。

● **知识管理** 使命是"将日常管理中各层级的集体智慧、经验和知识转化为未来管理的依据和工具"。场馆及各职能部门在重要事项结束后应举办总结会，坚持以问题为导向对工作进行复盘并提交适宜的报告。场馆年度性的总结包括并不限于：年度工作总结、各职能部门工作总结、重要的规范性总结如风险防控等。要及时向各级对口指导部门上报场馆信息，争取各方的理解支持。

● **公共关系** 中国国有文博场馆接受各自主管部门的领导，接受政府行业主管部门的指导。非国有博物馆也接受政府行业主管部门的业务指导。这些部门包括并不限于：文旅、文物、财政，以及消防、质检、公安、卫生等。

场馆各层级应积极争取政府行业部门的指导，提高管理水平。场馆综合部门还应牵头对外公务接待、外事管理，形成场馆公共关系的模式。

审核与批准　　各职能部门应在年度预算规定的日期之前，将下列文件提交场馆决策机构审核批准：

● 综合协调部门的规范、标准。

● 3—5年规划和年度工作要点，包括时间节点和责任部门。

● 各职能部门运行概述及年度工作计划，包括时间节点和责任人。

● 协调提交专项工作计划，如安全生产年度计划、党建工作年度计划、工会工作年度计划、年度出版计划、年度采购计划等。

● 其他需要提交的文件，如实名预约年度报告及完善建议等。

3.25 | 运行标准

概　述　　制订运行标准的目的是为了在场馆内获得合理的秩序,实现"有轨运行"。运行标准由主责的部门起草,经协商一致后制订并由专业部门认定,经标准化机构批准,场馆共同使用的和重复使用的一种规范性文件。

原　则
- 上有所依　场馆标准要依法依规,建立在国家法律法规和各级政府机构的规定和要求基础之上。
- 下有所应　场馆标准要满足场馆服务、管理等自身需求。
- 左右沟通　主责部门执笔的标准应经过本部门内部、各部门之间的沟通一致,形成闭环。
- 权威发布　场馆标准必须经过起草、征求意见、专家把关、逐级送审、报批发布等环节。
- 持续更新　标准制订之后,应定期结合新的形势和要求进行完善和更新。

要　求
- 场馆成立主要负责人牵头、分管副馆长和各部门负责人参加的标准化领导小组,负责涉及标准的决策。

- 场馆综合部门成立标准化小组,负责制订工作计划、督促、协调等日常管理工作。
- 各部门制订本部门标准化任务的完成计划,组织起草文本,负责各自主要负责标准的牵头沟通、协调把关与基础审核。
- 先理清标准体系和条目,包括准备,体系框架搭建,体系框架深化、审核、再深化,启动标准制订。
- 起草标准也应遵循规范程序,包括计划、准备、起草、征求各方意见、审核、批准、发布、培训、实施、完善。
- 重视执行标准的检查与监督,并发现存在的问题,年度一小改,3年一复审,实现持续更新。

审核与批准　　标准化领导小组的成立需经场馆决策机构审核批准。

标准化的全过程均需场馆决策机构全程参加并审核。

标准的发布由场馆会同标准化专业机构共同发布。

3.26 | 人力资源

概　述　　场馆人力资源管理是指对涉及场馆运行管理所需要的工作人员、志愿者和长期服务合同商的整体规划、招聘、任用、培训、报酬等管理。该职能代表场馆与各部门合作，履行具体管理职责。

原　则

- **人力资源规划**　对场馆发展所需人力资源进行中长期的规划，调研分析场馆各部门所需要的人力资源类型。牵头指导场馆各职能部门确定岗位，协助各部门确认场馆人员的岗位、职务、职责描述，集中采集和管理各类人员的人数。

- **招聘与配置**　在确定场馆各部门人力资源需求后，按照规范流程开展招聘，包括编制内以及合同代理员工，使场馆始终保持一定数量的具备所需技能、知识结构和能力的工作人员。会同各部门明确人员配置的岗位。

- **开展培训**　人力资源培训职能部门与其他所有部门沟通合作，牵头负责场馆工作人员的培训，增强场馆适应发展的能力，促进场馆持续发展。一般包括：通用知识培训（人力资源职能部门具体执行）、专业培训（由主责部门具体执行）、服务外包团队培训（场馆运行部门具体执行）、志愿者培训（教育服务部门具体执行）。

●**志愿者管理** 教育服务部门与场馆各部门沟通合作，依据各部门职能的需求，建立专项服务队，牵头招聘、培训、分配、管理、激励所有志愿者。各使用部门应当确保志愿者在本部门工作期间得到妥善管理和有效培训。

●**劳动关系管理** 事业性质的场馆员工需经过组织人社部门的年度招聘入职，享受职级、职称和其他相关待遇。人事代管性质的员工需经过场馆和人事代理机构的联合公开招聘，入职后享受五险一金等薪酬和福利，但是无法进入行政性管理层。外包单位员工享受场馆与签约公司约定的待遇。志愿者享受规范内的嘉许和餐饮保障。非事业性质的场馆可以在国家规范下采取更加灵活的机制。

●**制服管理** 有条件的前提下，场馆员工可统一着装。直接面向观众提供服务的岗位，应统一着装。应与外包单位在合同中就统一着装进行约定。职能部门应监督制服的设计，确保符合场馆的主题、色彩等规范。

要　求

- 做好场馆机构职能、岗位设置管理。
- 制订和完善场馆人力资源管理规范和标准。
- 制订3—5年人力资源规划和年度计划。
- 制订3—5年培训规划和年度计划。
- 做好员工（含社会化用工）聘用、岗位调整、职称、考勤、绩效等管理。
- 完善员工信息管理。
- 制订员工健康管理计划和工会福利执行计划。
- 会同主责部门制订物业派遣人员、志愿者、外聘专家等管理办法。

审核与批准　　涉及机构、岗位、人员的各类规划、计划和方案均需按规范报场馆决策机构审核批准。

3.27 内　控

概　述　　场馆通过内部控制的管理措施和手段,合理保证本场馆资金使用等经济活动合法合规、资产安全并得到有效使用、财务信息真实完整,提高场馆公共服务的效率并有效防范风险。

原　则
- **全面**　内控管理贯穿场馆运行管理决策、执行和监督的全过程。
- **聚焦**　内控管理要关注本场馆运行管理中的风险点。
- **制衡**　在场馆内部的部门管理、职责分工和业务流程中体现相互制约与监督。
- **适用**　内控制度在符合国家规范的同时,要符合各自场馆的实际情况,并随着外部环境和场馆实际持续改进。

要　求
- **不相容岗位分离**　合理设置内控岗位,权责分离、相互制约。
- **归口管理**　合理划分部门职能和权限,对经济活动进行统一管理。
- **内部授权**　规范场馆各项业务的流程、

权限及审批，建立重大事项集体决策制度及会签流程。

●**预算控制**　把预算管理贯彻于场馆涉及资金的各类活动的始终，不断强化预算的约束性。

●**财产保护**　建立资产管理和定期清查制度，确保资产安全。

●**会计制度**　健全财务管理制度，提高票据等会计工作的规范性。

关键岗　　　　场馆内控关键岗一般有：预算管理、收支管理、采购管理、文物征集、资产管理、建设项目管理、合同管理、用印管理等。

预审制　　　　为提高场馆管理层决策的科学性，对场馆涉及采购的项目、资金、流程等在进行决策前调查、评估，可以由场馆专业人员执行，也可以选择专业化公司代为预审。

审核与批准　　场馆决策机构负责场馆"三重一大"事项的决策，其制度及变更应报上级主管部门审核。

场馆内控制度和流程应报场馆决策机构审核批准。

3.28 财 务

概 述　　场馆的财务职能部门负责会计核算、预算管理与现金等价物管理,并为采购流程、合同管理、内部审计与清算提供支持。以上工作应保持一致性,以便统一管理场馆的所有财务活动。

原 则

● **目标明确**　文博场馆一般为事业性质,以社会效益最大化为目标,应对财务活动实施合理有效的管理。注重场馆发展的前瞻性财务服务。

● **依法依规**　为财务工作的最基本的原则,在此前提下实现管资产与管资金结合、用资金与管资金结合、责任与权限结合,实现各级各部门共同承担财务责任。注意依法依规前提下的场馆适用性,通俗易懂、操作方便。

● **突出重点**　根据财务运行管理的实际情况,全面、系统地查找管理过程中存在的问题,有针对性地开展财务管理。

● **做好监督**　对场馆涉及资金的业务进行事前、事中、事后的监督,及时掌握和归集信息。

要 求

● **以预算管理为中心** 建立场馆预算委员会，制订场馆年度预算，提高场馆财务管理的计划性、预见性。

● **强化收支管理** 建立和完善场馆内控制度、收支审批制度、内部稽核制度等，督促资金使用进度，提高绩效水平。

● **做好成本管理** 文博场馆一般是事业体制，不讲求盈利，但是应合理控制业务成本。南京馆建立了采购的"预审制"，在领导层决策前由专业审计机构出具事前的成本及流程意见。

● **人员的专业性** 文博场馆财务一般在会计管理层面，需要强化财务人员的专业化水平，由会计管理向财务管理转变。

审核与批准 年度预算须报场馆决策机构审核批准。财务标准和制度须报场馆决策机构审核批准。

3.29 采 购

概 述　　采购是文博场馆在一定条件和程序下,从市场获得产品或服务,以保障场馆运行管理正常开展的一项管理行为。场馆采购部门负责牵头组织采购工作。

原　则　　● **不相容性**　采购部门与其他部门相分离。有些场馆没有单列机构,也应在运行机制上相对独立。

● **合作机制**　采购部门与场馆其他所有职能部门密切合作,特别是与财务、法务、审计等职能部门,以确保所有采购活动符合预算,减少风险。

● **合规性**　采购部门应遵守相关法律法规,特别是符合招投标的规范。

要　求　　● 落实各级的采购规范,结合场馆实际制订专门的管理办法和流程,并结合当年要求实行年度更新。

● 采购部门应与场馆其他所有部门密切合作,以便及早确定采购需求,制订策略并管理所有采购活动。

- 牵头制订采购年度计划,更新年度服务目录。
- 针对不同的采购商品和服务,采取不同的采购形式,在合规性的前提下提高效率。
- 场馆应尽量安排有经验的人员参与采购工作。

服务目录　　按照国家有关规定,结合场馆需求,就零散性、及时性的业务(如数量不多的印刷业务、零散施工业务等)以及服务性质的业务(如教育活动、传播活动等),采取规范程序,建立场馆服务目录,并确定合同商,合同商实行以服务质量为核心的动态管理。

审核与批准

年度采购计划及预算须报场馆决策机构审核批准。

采购管理的标准和流程等规范性文件须报场馆决策机构审核批准。

服务目录的制订需征求所有业务部门的意见并报场馆决策机构备案。

3.30 资产管理

概　述　　资产管理是对场馆流动资产、固定资产、藏品资产、无形资产和其他资产的管理。其中流动资产管理参见财务板块，藏品资产管理参见藏品板块。

原　则
- **统筹管理，分级负责**　由场馆决策机构统一决策重要资产的管理事项。按照资产类别，各部门按照"谁使用、谁保管；谁维护、谁负责"的要求进行分级管理。
- **责权明确，风险可控**　资产的决策与采购分开，采购与使用分开，实物管理与财务核算分开。
- **动态管理，形成闭合**　预算管理与采购管理结合，采购管理与资产管理结合，资产管理与会计管理结合，会计管理与预算管理结合，相互协调，形成闭合。

要　求
- 各主责部门分别制订场馆资产管理的规范、标准和年度计划及预算。
- 统筹管理。各资产使用需求部门和管理

部门根据年度财政预算，配合资产、财务和采购职能部门完成资产年度、月度配置和采购计划。

● 归口管理。场馆运行部门牵头管理固定资产；财务职能部门管理流动资产；文物部门负责藏品资产管理；研究和展览部门负责管理各自的无形资产；办公室负责车辆、文具等办公用品。其他资产由使用部门按规范负责各自专业类资产的归口管理。

● 科学管理。严格出入库管理，所有入库物资经验收入库后实行编码管理，一物一号，恒定不变；所有出库物资需按权限审批。接受的捐赠物资无论价值大小均需入库。

● 定期盘点。对场馆资产定期（一般按季度抽查，年度盘查）进行盘点和清查并上报。

● 资产的处置与核销应严格按照规范流程进行。

审核与批准　　以下文件须报场馆决策机构审核批准：

● 场馆各类资产管理的规范、标准。

● 各部门资产采购的年度计划及预算。

● 资产季度盘点应报分管副馆长审核，并向馆长通报。

● 年度盘点情况须报场馆决策机构审核批准。

3.31 | 审 计

概 述　　审计分为内部审计和外部审计。场馆的内部审计是场馆自身为了发挥该职能的监督作用，不断规范和完善内部管理而设立的。可以聘请专业审计公司执行内审工作，并指导场馆审计。外部审计包括领导干部离任审计、重点项目审计等。

原 则

● **非税收入**　场馆应规范非税收入的收费项目、标准及收费票据的领用和核销情况。会计凭证、票据存根等财务资料与票款一致，并足额、及时上缴非税系统或国库。严禁公款私存及私设"小金库"。严格执行收支两条线政策，杜绝资金的截留、挤占、挪用和坐收坐支。

● **专项资金**　加强专项资金的预算全流程管理，严禁挤占挪用专项资金。关注专项资金的项目实施和效益情况，确保及时、足额拨付到位、按节点支付。督促项目按时竣工、决算、验收等。

● **固定资产**　新购入固定资产、调拨资产、捐赠资产需纳入账户管理。本单位建造的固定资产如办公楼等应及时办理固定资产入账手续。处置固定资产需按规定履行报批手续。

● 落实"八项规定" 接待费报销手续齐全，接待费报销凭证应包括财务票据、派出单位公函、公务接待审批单和接待清单，对无公函的公务活动一律不予接待。接待行为严禁违规开支，如超标准接待、陪同人员过多等。会议费报销需手续齐全，提供会议通知、实际参会人员名单、会议服务单位提供的费用原始明细单据，以及应报批会议的批复文件等凭证。严禁组织参会人员游览或参加与会议无关的参观活动，严禁抬高会议接待标准、增加会议费用等。培训费报销手续应齐全，提供培训通知、实际参训人员签到表、讲课费签收单以及培训机构出具的原始明细单据、电子结算单等凭证。严禁使用旅行社、服务公司开具的大额会务培训费票据，等等。

要 求

● 制订场馆审计工作的规范、标准、流程及清单。

● 制订场馆年度审计计划及预算，指导各部门开展对重点项目的审计。

● 严格执行民主集中制，对使用专项资金购置、建造固定资产时，应经过科学论证，进行集体讨论，并留下全程记录。南京馆在"三重一大"决策时均需事前提交财务、审计及法务的书面意见。

- 重视建立健全场馆内控制度。特别是在实物及现金资产的保管、记录、盘点,以及财务报账审批、授权、会计业务稽核、重大经济决策等方面,要制度健全,职责分明,流程清晰。
- 加强内部审计工作。场馆应配备专职或兼职的内审人员,针对薄弱环节,有计划地开展审计工作,发现问题及时改进。
- 加强预算管理。合理制订预算方案,按预算和规定的用途使用经费,严禁突破预算、挪用经费。有预算收入上缴任务的场馆应及时足额上缴应缴收入。
- 监督场馆经费使用效益。主要包括计划的完成情况、产生的社会效果、合理节约的实行情况等。
- 场馆内部审计可以每年常态实施。南京馆每年请第三方审计机构实施一次。按规定出具审计报告、审计意见书和审计决定等,发现问题立即进行整改。

审核与批准　　以下材料须报场馆决策机构审核批准:
- 场馆审计的规范、标准、流程及清单。
- 场馆年度审计计划及预算。
- 年度内审结果及整改意见。
- 离任审计结果及整改意见。

3.32 | 法 务

概　述　　场馆应设立法务职能部门负责向场馆其他各部门提供法律服务。场馆可聘请专职或兼职法律顾问，负责指导场馆法律事务。

原　则
- 依法把关　按照国家法律法规和规章制度办事。
- 预防在前　及早发现问题，防患于未然，减少事后争议。
- 重在指导　对各部门提供法律意见，但不要包办代替。
- 保密原则　场馆应在法律服务中约定保密条款。

要　求
- 主责部门牵头制订法务工作标准和规范。
- 主责部门制订年度法务计划和预算。
- 负责场馆的合同管理，审查、修改有关法律事务文书，保证文书的合法性，避免潜在威胁。
- 回答场馆其他部门在法律咨询方面的问题，并为其提供有关书面资料。

●会同法律顾问及时处理场馆各部门发生的法律事务。

●在场馆内部开展法律培训工作,提高员工的法制观念。

●对法务人员的过失、不力行为,场馆应提前制订处罚措施。

审核与批准　　场馆法务工作标准和流程、年度计划和预算须报场馆决策机构审核批准。

3.33 廉　洁

概　述　　遵守廉洁办馆的各项规范是场馆运行管理的底线和保障。所有场馆团队的成员均应严格遵守中央"八项规定"等各项廉洁法规。

原　则
- 加强党的全面领导。
- 实现全面从严治党。
- 真管真严、敢管敢严、长管长严。
- 既抓过程，更重效果。

要　求
- 把各级关于廉洁的要求结合场馆实际内化形成制度和标准。
- 把廉政工作与业务工作同谋划、同部署、同推进、同考核，制订年度要点。
- 实行"一岗双责"政策，健全廉洁办馆的责任制。
- 把民主集中制在各项工作中加以切实的贯彻落实。
- 把加强内控制度、内部审计、配合巡视巡查等作为重要措施。
- 强化学习培训和监督检查。

审核与批准　　年度党风廉政责任制清单、从严治党清单等工作要点报场馆决策机构审核批准,并报上级主管部门。

3.34 | 知识管理

概　述　　在文博场馆中建构一个内容与技术兼备的知识系统，让场馆中的信息与知识，通过获得、创造、分享、整合、记录、存取、更新等过程，实现不断创新，并成为场馆与员工发展的智慧资本，促进场馆在可持续发展中做出正确的决策，产生新的价值。

原　则　　●**及时归集**　场馆内每天都在生产各类信息和知识，应采取人工和技术等措施加以及时的归集。

●**科学编码**　所有归集的信息应在科学编码的基础上加以存储。

●**协作分享**　员工之间、部门之间，有时还可以与场馆之外的公众，对场馆生产的信息和知识进行彼此分享、交流、合作。

要　求　　●应建设基于信息化的场馆知识数据库。

●制订场馆知识管理的标准和规范。

●主责部门牵头，对重点知识和信息及时归集，对一般性知识和信息定期归集。

- 各部门在项目完成后主动按照流程进行总结和评估,提交总结性知识报告,包括工作经验、使用的资源、遇到的问题,以及相关建议和图片、影像等各类数据。
- 建立规范的流程以确保在知识管理过程中所获得的知识、经验及教训能够分享给团队成员。
- 建立公开透明的场馆文化,场馆领导特别是主要领导和各部门负责人应给与全力支持。

审核与批准　　场馆档案信息部牵头制作年度知识管理的计划和预算,报场馆决策机构审核批准。

3.35 风险管理

概　述　　风险管理有助于识别在运行安全、财务风险可能、项目交付风险、内容发布风险分析等方面对场馆运行可能产生影响的风险。

各类风险管理职能部门应与其他相关部门密切合作,共同制订用于解决并尽可能减少此类风险的战略和应急预案,包括对此类风险投保。

要　求
- 场馆办公室牵头,各部门可以建立风险管理职能项目小组,以便持续进行全面的风险识别、风险评估、风险缓解、应急规划与保险计划。也可以针对某类风险组建项目小组。
- 必须完成对影响场馆运行最重要和最关键的风险的全面分析,通过技术及运行过程加以解决或通过保险转移风险。
- 场馆管理层应当定期进行风险战略和预案完善情况的专题过堂,及时解决问题。
- 场馆应当保障并维持足够的涉及第三方所有风险的责任保险。

公众责任:第三方风险,涵盖所有此类第

三方的（但不限于）人身伤害、财产损失而引起的责任。

专业责任：因专业错误、知识错误、疏忽、遗漏或不明确的陈述所造成的第三方损失而引起的责任。

产品责任：因使用场馆提供的产品和服务或授权的产品和服务而引起的责任。

必须与具有偿付能力的知名保险公司签订保险合同。

可为以下人员提供场馆保险：

- 来馆参观的观众。
- 所有由场馆主要负责邀请的参加重大活动的境内外嘉宾。
- 场馆的志愿者。

以上人员在场馆期间，场馆提供针对事故或疾病导致的身体伤害的全额意外险。

审核与批准　　各部门风险管理项目小组应在年度预算制订之前，将风险管理方案和综合保险方案通过办公室汇集报场馆决策机构审批。

3.36 保 密

概 述　　文博场馆存在保密范畴的业务,需要按照国家保密制度落实。

原 则　　根据《保密法》等有关法律法规,文博场馆要制订并完善《文博场馆保密工作规定》,就加强人员教育管理、严格新闻报道审核、做好有关人员接待、加强载体设备管控、追究相关责任进行规范。

要 求　　● 加强人员教育管理　文博场馆要对参加场馆运行的各类人员(含合同商)进行严格审核,需要的可以签订保密承诺书。对文博场馆人员开展保密意识、保密常识和防范知识教育。各部门负责人要对所负责的涉密项目的各个环节、流程明确具体保密责任和要求,督促相关人员严格落实涉密载体、信息公开保密审查、微信等新媒体使用保密管理的制度和规定。

● 严格对外信息发布管理　文博场馆信息发布部门应牵头制订新闻宣传报道保密管理制度,严格规范新闻报道内部审批程序。南京馆的新闻发布遵守"编辑—专家—部门负责人—分管副馆长—馆长"的审核流程。文博场馆人员接受采访或公开报道应经场馆同意。

● **明确涉外接待要求** 在涉外接待中，负责接待的项目负责人应当遵守相关程序。参加涉外活动人员不得擅自携带国家秘密载体。

● **严格涉密载体管理** 文件、资料和其他载体如涉及国家秘密则应按照涉密文件管理要求统一登记、编号，并在制作、收发、传递、使用、保存等各个环节落实保密管理措施。

● **严格活动场所设备管控** 加强对涉密和敏感活动场所的安全保密检查，确保保密活动现场、设施设备、周边环境以及应急保障措施的安全可靠。

● **强化保密责任追究** 严格落实以上保密管理要求，如发生违规问题及泄密事件，要立即采取补救措施，及时报告馆办公室并积极配合做好查处工作，严肃追究相关责任人的直接责任，并依据《保密法》等给予处分。发生泄密案件构成犯罪的，应移交司法机关，依法追究其刑事责任。

审核与批准 文博场馆的保密规范由纪念馆办公室（具体为保密岗）负责起草，报场馆决策机构审批。

3.37 | 总分馆

概　述　　有些文博场馆存在两个以上的场馆空间，一般称作场馆群，往往采取统分结合的管理模式。根据各个分馆的实际，把需要集约的部分进行适度的"统"，同时着眼于各个分馆（或馆区）的独特性，适度的"分"，进行合理授权。统分的"度"是总分馆体制成功与否的关键。

原　则　　●**统分结合**　总馆负责牵头制订所辖分馆或馆区的总体发展规划。对于可以统一管理或需要分馆主要负责的各项工作，总馆负责牵头会同分馆共同制订政策，分馆负责执行和报告，总馆负责协调、监督和检查。

●**资源共享**　人才、藏品、资源和服务等可以共享的部分要从集约的角度制订政策。这种政策性的资源共享有时无须改变分馆原有的体制、隶属关系和经费来源。

●**独特性的保留**　各分馆存在不同的主题，有些主题和内容差异较大，在对外传播及影响力上应考虑各分馆对外品牌的独特作用。

●**积极性的激发**　对于各分馆在物理空间

上相对聚集的，尤其是在一个安保红线内或邻近的，可以在"统"的方面加大力度；若各分馆空间分布较远，则尽可能在总体规范和制度协商的前提下，对各分馆在日常管理的执行上进行合理授权。

● **非注册法人分馆** 对于规模较小的非注册法人的分馆，在总馆指导下承担日常场馆的运行和讲解服务等教育职能。其研究管理、藏品管理、展陈改造等职能可以由总馆统一管理。

要 求

● 日常运行管理的物业团队，一般由总馆牵头，各分馆应当提前提出各自的需求，组建总馆与分馆共同参与的招标小组联合招标。分馆日常运行的责任由分馆承担，总馆负责指导和检查。

● 可以集约管理的部分，由总馆责任部门牵头，会同分馆共同研究，达成一致意见，实现业务流程的"握手"，便于操作，简约快捷。

● 各分馆应在总馆统一的标准规范指导下，制订符合各自需求的运行管理计划。

● 与有关方面合作共建不同隶属关系的分馆，要注意与总馆主营业务主题相匹配、能互补。

● 总馆与各分馆在互联网空间应实现共建共享。

审核与批准

- 总馆在制订涉及全馆性的政策、标准、规范和计划时，主责部门应征求各分馆的意见后再按程序报馆领导审核批准。
- 分馆的运行管理标准、规范和计划需要征求总馆各相关主责部门的意见后按程序报馆领导审核批准。

第三部分 文博场馆运行管理的职能要求

3.38 党　建

概　述

文博场馆的党组织是党的基层组织，在场馆发展和管理中起到领导作用。

党组织的主要职责：

- 对"三重一大"事项进行研究决策。
- 落实好意识形态责任制、从严治党责任制、党风廉政责任制等各项重点工作。
- 宣传和执行党的路线方针政策，充分发挥党员在场馆发展中的先锋模范作用。
- 组织党员认真学习党的基本知识，学习科学、文化、法律和业务知识。
- 落实全面从严治党要求，加强对党员的教育、管理、监督和服务。
- 加强作风建设，密切联系群众，始终保持奋发向上的精神状态。
- 充分发挥党员和群众的积极性和创造性，发现、培养和推荐他们中间的优秀人才。
- 监督党员干部和其他工作人员严格遵守国家法律法规和制度。

原　则

- 坚持党要管党、从严治党　始终把基层

党建工作摆在突出位置，逐级明确责任，强化工作措施，整合各方面力量，一级抓一级，层层抓落实。

● **坚持围绕中心、服务大局** 把基层党建工作放到场馆发展大局中去谋划，促进改革发展稳定的各项工作。

● **坚持分类指导、整体推进** 从场馆不同领域的实际出发，找准基层党建工作着力点，有针对性地采取措施，全面推进思想、组织、作风和制度建设。

● **坚持与时俱进、开拓创新** 以改革的精神研究新情况、解决新问题、总结新经验，创新工作机制、拓展工作领域、改进工作方法，使党的基层组织和党员队伍始终充满生机与活力。

| 要　求 | ● 贯彻落实好民主集中制，即"集体领导、民主集中、个别酝酿、会议决定"。

● 按照党的各项规定，制订和细化场馆党建的标准和规范。

● 场馆党务部门承担党办职责，会同各支部做好日常党建和党务的事项。

● "三会一课"制度是党的基层组织生活的基本制度，定期召开支部党员大会、支部委员会、党小组会，各级党组织的领导成员按时上好党课。

● 定期对各党支部落实党建工作制度情况进行检查，确保各党支部组织设置规范、制度落实、活动经常、效果明显。

● 严格落实领导班子理论学习中心组定期集中学习，原则上每月组织一次。可视情况扩大至部门负责人和中层以上干部。

● 文博场馆无论实行哪种领导体制，都要体现党的领导。

审核与批准　　场馆党建工作标准和规范须报馆党委审核批准，并报上级党委。

参考文献

［1］第 2 届青年奥林匹克运动会组织委员会编：《青年奥林匹克运动会赛事手册》（第六版），南京：内部资料，2013

［2］侵华日军南京大屠杀遇难同胞纪念馆编：《侵华日军南京大屠杀遇难同胞纪念馆内部控制管理制度汇编》，南京：内部资料，2020

［3］北京汽车博物馆编著：《北京汽车博物馆标准系列丛书》，天津：天津大学出版社，2017

［4］第 29 届奥林匹克运动会组织委员会编：《奥运会媒体运行》，北京：中国传媒大学出版社，2007

［5］第 29 届奥林匹克运动会组织委员会编：《北京奥运会场馆运行通用知识读本》，北京：北京体育大学出版社，2007

［6］第 16 届亚洲运动会组织委员会编：《广州亚运会场馆通用知识读本》，广东：广东省出版集团广东人民出版社，2009

［7］侵华日军南京大屠杀遇难同胞纪念馆编：《侵华日军南京大屠杀遇难同胞纪念馆运行管理系列标准》，南京：

内部资料，2020

［8］缪匡华著：《行政事业单位财务管理》，北京：清华大学出版社，2000

［9］付圆圆、王宁、伍孝波著：《运行设计》北京：中国农业出版社，2012

［10］《博物馆条例》，中华人民共和国国务院会第659号，2015

［11］《博物馆管理办法》，中华人民共和国文化部令第35号，2020

［12］《博物馆定级评估办法》，国家文物局，文物博发［2020］2号，2020

后　记

没来文博场馆工作之前，我眼中的场馆负责人的形象，或为考古的高手，或为写论文的人才，或为策展的能人。日月流转，今年是我来南京馆工作的第五年，越发感到馆长更应该是"管长"，其主要职责是运行管理。

2014年，我有缘参与南京青年奥林匹克运动会，负责媒体运行的工作，赛时担任媒体运行场馆团队的负责人。赛事筹备经历使我对奥运筹备和举办的规则有了初步的了解。我感到，这些规则、制度和工具不仅仅适用于体育领域，也可以在各行各业得到运用。

曾有一位资深馆长说，五年以内，一个馆长都算新手。文博场馆业务口之繁杂，与大型赛事团队业务口有过之而无不及。把一个场馆管理好，殊为不易。我新手上路，五年来磕磕碰碰，逐步了解场馆的体系和业务，尝试将赛事筹备经验、项目管理方法与场馆运行相结合做些探索。故此这本《手册》算是一个非文博出身纪念馆人的阶段学习小结。

我认为应当用制度管人。2016年7月，南京馆启动了场馆内控制度的梳理和完善，当年年底出了第一版，之后又定期进行修订，现已完成第三轮的修订。内控制度是场馆运行管理的关键环节，就是合理授权管理，对各部门做事、花钱的流程和程序进行规范和控制，形成从职能主责人到部门负责人及财务、审计、法务，再到分管领导，到馆长或馆长办公会的整套规范流程。在这其中，南京馆继续坚持每年进行内部审计，发现问题及时解决；借鉴青奥财务的做法，请专业审计机构参与决策前的事前审计，最大程度降低决策风险。

我认为应当遵标准办事。南京馆有十个业务部门，每个部门都有若干业务口，加起来有近40个业务板块。2017年我们到国内部分实行标准化的场馆进行调研，在学习过程中，我感到所谓标准很像奥运会的运行政策，是运行管理的基础。2018年初南京馆启动标准的编写。推进标准化需要全员的理解和参与，这是一个打破"舒适区"的过程，必然是一个艰难的过程。2019年底，才完成了第一版的文本。2020年逐一过堂确认，初步形成可以全面执行的1.0操作版本。我感到这个方向是对的，下一步还要在此基础上细化运行计划，不断提高执行力。

我认为应当以文化育人。制度和标准的执行靠人，打造一个向上向善的团队可以更好地实现管理目标。在定制度、写标准的过程中，我们提倡彼此之间的沟通，一些以前没有暴露出来的管理盲区和死角在彼此的交流和沟通中逐步明晰了责任，问题得到了解决，也化解了不必要的推诿和矛盾。定制度、写标准其实就是权力阳光化、办事民主化、执行规范化，是馆务公开最好的途径，是把你、我变成"我们"的过程。在这个过程中，团队成员的大局站位、系统思维和规矩意识均得到增强，"人人一本明白账，踏踏实实抓落实"的作风正在形成，一大批各岗位的同事迅速成长。这或许是更值得高兴的成果。

场馆运行管理是周而复始的工作，需要以韧的精神坚持不懈。这本小册子仅仅是我从个人角度梳理的一些粗浅学习体会，也是给自己列的一份工作清单，在编写过程中，尽量"拧干"文字的水分，力求简洁。文博场馆各业务口专业性很强，《手册》中的谬误一定很多，希望各位提出宝贵意见，帮助我继续学习提高。感谢中国博物馆协会理事长刘曙光、北京冬奥会媒体运行部部长徐济成两位先生对我的鼓励和指点。最后感谢我的很多同事在《手册》编写中给予的帮助，很多内容都是我们一起在五年实践中形成的共识。

张建军

2021 年 1 月